高校信息化教学探索与实践研究

祝彩霞　著

中国商业出版社

图书在版编目（CIP）数据

高校信息化教学探索与实践研究 / 祝彩霞著 . -- 北京 : 中国商业出版社 , 2023.12

ISBN 978-7-5208-2794-2

Ⅰ . ①高… Ⅱ . ①祝… Ⅲ . ①计算机辅助教学－教学研究－高等学校 Ⅳ . ① G434

中国国家版本馆 CIP 数据核字 (2023) 第 244444 号

责任编辑：陈　皓
策划编辑：常　松

中国商业出版社出版发行

（www.zgsycb.com 100053 北京广安门内报国寺 1 号）

总编室：010-63180647　编辑室：010-83114579

发行部：010-83120835/8286

新华书店经销

定州启航印刷有限公司印刷

*

710 毫米 ×1000 毫米　16 开　12.25 印张　210 千字

2023 年 12 月第 1 版　2024 年 3 月第 1 次印刷

定价：78.00 元

* * * *

（如有印装质量问题可更换）

前　言

21世纪不仅是科技和信息的时代，更是教育革新的时代。在“互联网＋教育”的浪潮中，教育的边界被重新定义，学习不再局限于校园，教育资源的获取和分享变得更加便利。这样的变化为高等教育不仅带来了无限的可能，也带来了挑战，因此，要求教育者重新思考教学的本质和目标，探索更加科学、人性化的教育方式。信息化教学正是在这样的探索中应运而生的，它融合了现代技术与教育理念，旨在为学生创造一个更加开放、多元和互动的学习环境。在经济全球化的大背景下，高校信息化教学正逐渐成为一种趋势。这种趋势反映了现代社会对人才培养的新要求，即人才不仅要有深厚的学术底蕴，还要具备创新能力和国际视野。信息化教学的推广和应用，正是为了满足这些新要求，通过技术的力量，使教育更加精准、个性化，培养出能够适应未来社会的高素质人才。

本书通过系统的理论探讨和实践研究，为高校信息化教学提供了一份全面、深入、系统的参考资料。每一章都是围绕信息化教学的关键问题展开的，旨在帮助教育工作者、学者、政策制定者以及对高等教育和信息技术感兴趣的读者，深入理解信息化教学的理念、策略、技术和评价方法。

本书共九章，第一章介绍了高校信息化教学的背景，从现代教育技术的发展、“互联网＋教育”的兴起以及高校教学改革的现实需求三个角度进行分析；第二章对信息化教学进行了概述，全面解析信息化教学的内涵、要素、特征、基本原则、目标与层次，帮助读者构建一个完整的信息化教学理论框架；第三章讲解了信息化教学的理论基础，包括信息化教学的学习理论、信息化教学的教学理论、信息化教学的方法论、信息化教学的传播理论；第四章重点解析了信息技术与高校课程的整合，主要探讨了信息技术与高校课程整合的概念、原则、方法以及实现机制，并分析了高校教师在这一整合过程中的角色定位与能力要求；第五章分析了高校信息化教学资源的建设与利用，详述信息化教学资源的概念、类型与特点，检索、获取与利用，介绍了网络教学资源的建设与应用，同时分析了基于云计算的教学资源建设；第六章剖析了高校信息化教学模式的构建，探讨了基于网络的协作学习模式、基于问题的信息化教学模式以及翻转课堂教学模式的构建策略；第七章解析了高校信息化教学环境建设，包括教学硬件、软件、人文环境及师资队伍的建设，旨在为信息化教学提供一个全方位、多层次的支持环境；第八章介绍了高校信息化教学评价，主要探讨了面向学习过程和教学资源的评价；第九章进行了总结与展望，简要总结了本书的研究成果，并对未来的发展趋势和发展方向进行了展望，希望能为未来高校信息化教学的发展提供思考和启示。本书系统全面地涵盖了高校信息化教学的各个方面，为读者提供了丰富的理论知识和实践指南。

由于信息化教学是一个持续演进的领域，涉及技术、理论和实践等多个层面的快速更新和改进，因此书中某些内容和观点可能无法完全反映最新的发展和趋势，希望读者能够理解并给予宝贵的批评和建议。笔者期待通过读者的反馈和指正，不断完善和丰富本书的内容和视角，以更好地服务于高校信息化教学的理论研究和实践应用。

目 录

第一章 高校信息化教学的背景 / 001

第一节 现代教育技术的发展 / 001
第二节 “互联网 + 教育”的兴起 / 007
第三节 高校教学改革的现实需求 / 011

第二章 信息化教学概述 / 013

第一节 信息化教学的内涵 / 013
第二节 信息化教学的要素与特征 / 018
第三节 信息化教学的基本原则 / 027
第四节 信息化教学的目标与层次 / 031

第三章 信息化教学的理论基础 / 038

第一节 信息化教学的学习理论基础 / 038
第二节 信息化教学的教学理论基础 / 042
第三节 信息化教学的方法论基础 / 047
第四节 信息化教学的传播理论基础 / 053

第四章 信息技术与高校课程的整合 / 060

第一节 信息技术与高校课程整合的概念 / 060
第二节 信息技术与高校课程整合的原则、方法与实现机制 / 062
第三节 信息技术与课程整合中高校教师角色定位与能力要求 / 068

第五章 高校信息化教学资源的建设与利用 / 084

第一节 信息化教学资源的概念、类型与特点 / 084

第二节　信息化教学资源的检索、获取与利用　/　090
第三节　网络教学资源的建设与应用　/　100
第四节　基于云计算的教学资源建设　/　111

第六章　高校信息化教学模式构建　/　115

第一节　教学模式解读　/　115
第二节　基于网络的协作学习模式构建　/　117
第三节　基于问题的信息化教学模式构建　/　126
第四节　翻转课堂教学模式构建　/　130

第七章　高校信息化教学环境建设　/　137

第一节　信息化教学硬件环境建设　/　137
第二节　信息化教学软件环境建设　/　147
第三节　信息化教学人文环境建设　/　154
第四节　信息化教学师资队伍建设　/　155

第八章　高校信息化教学评价　/　165

第一节　信息化教学评价概述　/　165
第二节　面向学习过程的评价　/　169
第三节　面向教学资源的评价　/　175

第九章　总结与展望　/　182

第一节　研究结论　/　182
第二节　未来展望　/　183

参考文献　/　185

第一章 高校信息化教学的背景

在探索高校信息化教学的过程中，了解其背景十分重要，因为它能揭示教育和技术融合的必要性和迫切性。本章将从三个角度对高校信息化教学的背景进行分析。首先，现代教育技术的快速发展成为催化剂，引领高校逐步步入信息化教学的新纪元；其次，“互联网 + 教育”的兴起进一步加快了这一转变，促进信息化教学变得更加普及和深入；最后，面对高校教学改革的现实需求和挑战，高校信息化教学更是成为实现教学创新和质量提升的必然选择。

第一节 现代教育技术的发展

以多媒体技术和网络技术为核心的信息技术飞速发展，并以惊人的速度进入教学的各个领域和环节，极大地丰富了现代教育技术手段，并带来了教育领域的深刻变革，推动了高校信息化教学的实现和发展。

一、现代教育技术的概念及内涵

（一）现代教育技术的相关概念

1. 教育技术

在教育学科中，教育技术是在视听教学、程序教学和系统设计科学基础上逐渐发展起来的一门新兴分支学科，是以现代教育理论为基础，运用系统科学和信息技术来提高教学效益，优化教育教学过程的理论和实践的技术。

教育技术就是“教育中的技术”，是人类在教育活动中采取的一切技术手段和方法的总和。它包含两个要素：一个是有形技术，另一个是无形技术。有形技术指凝固和体现在有形物体中的科学知识，它包括从黑板等传统教具到视听媒体、多媒体计算机、网络等一切可用于教育中的器材、设备、设施以及相应的软件等；无形技术指在解决教育教学问题过程中所运用的技巧、策略和方法，又包括其中的教学思想和理论等。[①] 本节所指的教育技术为有形技术。

2. 现代教育技术

现代教育技术是 20 世纪 90 年代后在国内被广泛使用的一个术语，是指运用现代教育理论和现代信息技术（包括计算机技术、多媒体技术、网络技术、人工智能技术等），通过对教与学过程和资源进行设计、开发、利用、管理和评价，以实现教学的优化。[②] 与教育技术相比，两者在本质上是相同的，只是现代教育技术更强调将现代教育思想、理论与现代信息技术相结合，并应用于教育教学实践。现代教育技术的“现代性”主要体现在如下三个方面：一是更多关注与现代科技有关的问题；二是充分利用现代科技成果；三是教育技术现代化、信息化的色彩更加强烈。

（二）现代教育技术的内涵

现代教育技术的内涵具体体现在以下几个方面，如图 1-1 所示。

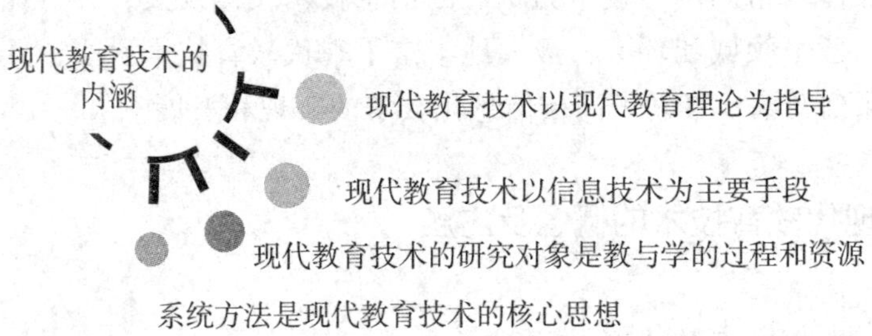

图 1-1　现代教育技术的内涵

① 罗文浪，戴贞明，邹荣，等 . 现代教育技术 [M]. 北京：北京理工大学出版社，2015：60-80.

② 徐伟，赵园园，张丽艳 . 现代教育技术 [M]. 长春：吉林出版集团股份有限公司，2022：1.

1. 现代教育技术以现代教育理论为指导

现代教育理论包括现代教学理论和现代学习理论。对现代教育技术影响较大的现代教学理论有布鲁纳的“结构—发现”教学理论、赞可夫的发展性教学理论和巴班斯基的教学过程最优化理论等。对现代教育技术影响较大的现代学习理论有行为主义学习理论、认知主义学习理论和建构主义学习理论等。

在现代教育环境中，教育技术的应用逐渐成为推进素质教育，培养学生创新精神和实践能力的重要手段。教育技术不仅改变了教学的方式和方法，还推动了教育内容和教育评价的革新。在这一进程中，先进的教育思想和理论成为教育技术应用的灵魂，它们共同指导教与学的过程，影响着教育资源的设计、开发和应用。应用现代教育理论就意味着教学和学习不再是技术和工具的简单运用，更是一种基于深刻教育理念和方法的创新实践。这样的实践旨在更好地服务学生的全面发展，推动素质教育的深入发展。例如，通过现代教育技术，教师能够根据每个学生的学习特点和需求，实现个性化教学，帮助学生建立深层次的学习和思考能力。同时，学生也能在丰富多样和开放的学习环境中，更好地发挥主动性，培养创新精神和实践能力。这些变化都离不开现代教育理论的指导和支持，展现了教育技术与教育理论相互融合、相互促进的价值和意义。

2. 现代教育技术以信息技术为主要手段

信息技术包括获取、加工、存储、传输、表示和应用信息的技术，它不仅应用了计算机技术，还广泛融合了微电子技术、通信技术等多种先进技术。在学校环境中，以多媒体和网络技术为核心的信息技术被广泛应用。多媒体技术通过整合文本、图像、声音、视频等多种信息载体，丰富了教学内容的表现形式，使抽象复杂的教学内容变得直观易理解。网络技术则打破了时间和空间的界限，实现了教育资源的共享和优化配置，提供了丰富多样的学习路径和方式。在信息技术的支撑下，教育者能够充分利用和发挥多媒体与网络技术的优势，构建一个以这两项技术为基础的信息化环境和数字化的教学资源平台。教师能通过多媒体技术将课堂教学变得更加生动有趣，通过网络技术将高质量教育资源传递给每一个学生，实现教育的公平与普惠。学生也能在更加丰富、开放的学习环境中，发掘个人潜能，塑造自我学习和发展的路径。所以，信息技术在现代教育技术中起着核心作用，是推动教育创新和实现教育目标的关键要素。

3. 现代教育技术的研究对象是教与学的过程和资源

现代教育技术以教与学的过程和资源为研究对象，并以优化教与学的过程和资源为目标，因此现代教育技术既要重视优化“教”，又要重视优化“学”；既要重视“资源”，又要重视“过程”。现代教育技术通过优化教与学的资源，建设信息化的教学环境，开发信息化教学软件，探索并建构信息化环境下新型的教学模式。

4. 系统方法是现代教育技术的核心思想

现代教育技术是以系统方法为核心思想展开全部教育实践的，它涵盖了对教与学的过程和资源的设计、开发、利用、管理和评价等内容。系统方法确保了教育实践的科学性和有效性。在系统方法的指导下，教育教学过程不是随意或碎片化的，而是一种有条理、有组织，以及目标为导向的实践活动。每一个教育教学环节，从课程设计、教学实施到学生学习和评价反馈，都需要经过精心设计和实施。每个步骤和要素都是相互关联、相互影响的，共同形成了一个完整、协调和高效的系统。教师、学生、教学内容、教学方法、教学资源和评价机制等要素，都在这个系统中相互作用，共同推动教育教学目标的实现。评价和修正是系统方法的重要组成部分，对教与学过程进行持续评价和反馈，可以及时修正和优化教育教学活动，确保其质量和效果。

二、我国高校信息化教学的发展历程

电化教育（该名词是我国独有的教育名词，出现于20世纪30年代）拉开了我国高校信息化教学的序幕。从电化教育开始，我国高校信息化教学的发展大致可分为四个阶段，如图1–2所示。

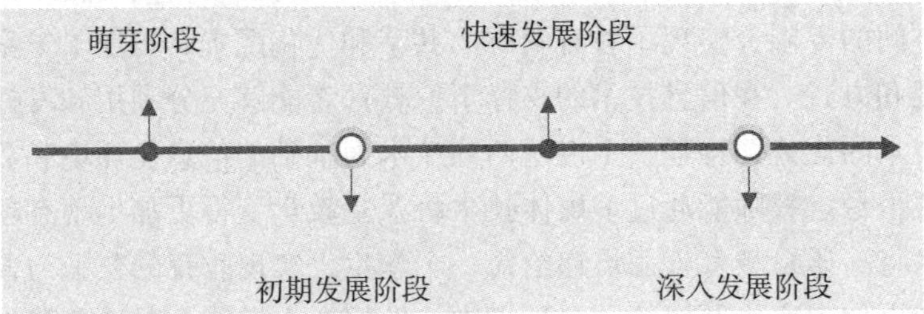

图1–2 我国高校信息化教学的发展历程

（一）萌芽阶段

1922 年，金陵大学（1952 年院系调整，金陵大学被撤销建制，文、理学院等并入南京大学，部分院系参与组建中国其他高校）首次用无声电影和幻灯讲解棉花种植知识，这是我国高校对电化教育最早的尝试。1935 年，江苏省立镇江民众教育馆将馆内大会堂的名字改为“电化教学讲映场”，这是第一次出现“电化教学”这个名词。我国学者南国农正式提出了“电化教育”这个名词[①]，此后，“电化教育”被广泛使用。1940年，电化教育委员会成立，这代表着电化教育正式被国家认可。

（二）初期发展阶段

1949 年，我国文化部科学技术普及局设立了电化教育处，负责在全国范围内推广和应用电化教育。1955 年，北京市和天津市分别创办了自己的广播函授学校。1958 年，全国开展教育改革运用，有效推动了电化教育的发展。在这段时间内，因为政府的重视以及学校的积极实践，我国的电化教育初步形成了规模。

（三）快速发展阶段

20 世纪 70 年代末，我国的电化教育开始进入快速发展阶段，并取得了显著的成效，具体表现在如下几个方面。

（1）全国各省、市、县相继建立了电化教育机构，形成了比较完整的电化教育网络。

（2）大中小各级学校的硬件、软件建设成绩显著，很多学校都建设了计算机室、语言实验室、电化教育室等硬件设施，为电化教育的发展奠定了坚实的物质基础。

（3）电化教育人才培养体系初步形成。自 1983 年，电化教育专业开始出现，随后的几年，越来越多的高校设立了电化教育专业，并且涵盖研究生、本科、专科三个层次。

---

① 南国农．教育现代化的必由之路：南国农电化教育论文集 [M]. 北京：高等教育出版社，2000：3.

（4）1986 年，中国教育电视台创建，开始了卫星电视教育，这标志着我国教育技术的发展进入一个新的阶段。

（四）深入发展阶段

20 世纪 90 年代末，随着多媒体技术、信息技术的快速发展，我国高校信息化教学也进入深入发展的阶段。和前几个阶段相比，该阶段有下面几个显著的特点。

（1）教育技术的手段日益多元化，并且向网络化、虚拟化和智能化的方向发展。

（2）随着教育技术的应用越来越普遍，不同学者在不同层次上对教育技术展开了研究，再加上多媒体技术与网络技术这两种新技术的融入，使得教育技术的理论建设和实践应用发生了改变。

（3）在教育技术的支持下，学习环境开放、共享、协作、交互的特点将逐渐凸显，人们关注的重点将逐渐向共享性学习和协作性学习环境的建设转变。

三、现代教育技术的发展对高校信息化教学的推动

（一）技术创新引领教学改革

传统教学以学校、班级和课堂为主要场所，虽然也提倡个别答疑、分组学习，但是由于条件和形式的限制，很难实施。而现代教育技术的应用使小组学习和个别化学习成为可能。例如，在计算机教学中可利用多媒体教室，进行全体、分组和个别化的自主学习；在外语教学中可应用语言实验室进行个别化学习；网络传输功能使在各种学科中进行交互实时的学习成为可能。

（二）数字资源优化学习体验

在高校信息化教学中，数字资源为学生提供了丰富的学习资源，学生可以根据自身需求、兴趣和学习进度，自由选择和访问各种在线教育内容，包括电子书籍、视频讲座、互动模拟等。这种自我导向的学习方式不仅增强了学生的学习动机和自主性，也使得学习更具针对性，效率更高。教师也可以利用丰富的数字资源，定制教学内容，使教学更具吸引力和实效性。在数字

资源的支持下，高校信息化教学不仅变得更加生动和多样，学生的学习体验也得到了显著提升。

（三）网络平台提升学生参与度

网络平台大幅提升了学生的参与度，促进了学生的深度学习。通过网络平台，学生可以实时与教师和同学沟通交流，分享知识、观点和问题，这不仅促进了信息的快速传播和吸收，也激发了学生的创造力和批判性思维。教师能够直接获取学生的反馈，并及时调整教学策略，使教学更贴合学生的需求和水平。同时，网络平台为学生提供了一个展示和实践的舞台，他们可以在这里展示自我，获得认可，增强自信。网络平台不仅提升了学生的学习兴趣和动力，也为培养具备未来所需技能和素质的全面人才奠定了基础。

第二节　“互联网 + 教育”的兴起

“互联网 + 教育”的兴起为高校信息化教学注入了新的动力，使高校教育的边界得以拓展，实现了更广泛的信息共享和知识传播，进一步加速了高校信息化教学的发展进程。

一、“互联网 + 教育”概述

（一）“互联网 + 教育”的相关概念

1. 互联网的概念

互联网是指将各种计算机网络互相连接在一起，在此基础上发展成覆盖全世界的全球性互联网络。计算机或智能终端通过互联网连接时，可以发送和接收各种各样的信息，如文本、图形、声音、视频和计算机程序等。

2. “互联网 +”的概念

通俗地说，“互联网 +”就是“互联网 + 各个传统行业”，但这并不是简单的两者相加，而是利用信息通信技术以及互联网平台，让互联网与传统行业进行深度融合，创造新的发展生态。它代表一种新的社会形态，即充分发挥互联网在社会资源配置中的优化和集成作用，将互联网的创新成果深度融合于经济、社会各领域，提升全社会的创新力和生产力，形成更广泛的以互联网为基础设施和实现工具的经济发展新形态。

3.“互联网 + 教育”的概念

“互联网 + 教育”是互联网及其衍生的相关技术与教育的深度融合，通过互联网的技术和手段，实现对现有教育的增强与优化，提高教育的公平、质量和效率，推动教育变革，创造和发展教育新生态。[①]“互联网+教育”不是对信息技术发展的盲目追逐，而是让教育不断地去适应互联网，用互联网思维看待教育，让师生共同参与，从而促使教学组织形式以及课程基本内容发生巨大变化。它是运用云计算、物联网、人工智能等互联网信息技术手段，跨越地域的界限，面向学习者个体，提供优质、个性化的教育服务模式。与传统的教育相比，“互联网 + 教育”更具有开放性。

（二）“互联网 + 教育”的提出背景

1. 建设教育强国的进程加快

在全球竞争日益激烈的今天，建设教育强国已成为国家战略的重要组成部分。“互联网 + 教育”可以破解制约我国教育发展的难题，不仅能够在一定程度上缓解教育资源分配不均的问题，还可以增强教育的个性化和多样化，是加快我国从教育大国向教育强国迈进的重大战略抉择。通过这一战略抉择，我国的教育体系将更加完善和先进，为从教育大国向教育强国的迈进奠定坚实基础。

2. 互联网时代社会各行业人才需求快速变化

随着互联网时代的到来，社会的发展呈现出前所未有的动态性和复杂性。各行业的商业模式、生产方式以及服务模式都发生了深刻的变革。在这样的背景下，社会各行业对人才的需求也发生了快速的变化。企业和组织越来越倾向于寻找具有跨界知识、创新能力和灵活适应性的人才。传统的教育模式难以培养出适应这种变化的人才。因此，“互联网 + 教育”被提出，旨

① 刘学忠，赵永涛．互联网 + 教育发展新范式 [M]. 银川：宁夏人民教育出版社，2020：19.

在通过技术和创新，使教育体系变得更加灵活、个性化和实用。这种新的教育模式可以更好地培养学生的创新能力、团队协作和问题解决能力，使他们能够适应不断变化的经济和社会环境，满足未来多元化的人才需求。在“互联网＋教育”的推动下，教育将成为培养创新型人才、推动经济社会发展的重要力量。

3. 我国已具备较为完善的基础设施

我国“互联网＋教育”已具备良好基础，成为加快实现我国教育现代化的有力引擎，互联网及手机移动端的普及率的大幅提高为“互联网＋教育”提供了蓬勃发展的契机。例如，乡村地区视频会议室、直播录像室、多媒体教室等硬件设施不断完善，名校名师课堂下乡、家长课堂等形式逐渐普及，推动了乡村教育的发展。通过互联网手段弥补乡村教育短板，为偏远地区青少年通过教育改变命运提供了可能，为各地区教育均衡发展提供了条件。

二、“互联网＋教育”的兴起对高校信息化教学的促进

（一）教学内容的持续更新

互联网的广泛应用极大地推动了高等教育课程内容的更新与拓展，这表现在以下两方面。一是海量的在线资源为各学科提供了丰富、多样和更新的学术信息，实现了知识的全面更新与整合。学生可以接触到更为前沿的学术思想和实践技能，从而拓宽学术视野，增强学习深度。二是互联网提供了平台和资源，使得高校能开设更多具有特色和前沿的选修课程，满足学生多元化、个性化的学习需求。

（二）教学模式的不断优化

在“互联网＋教育”的影响下，高校的教学模式也在不断优化和演进，线上教学和混合教学成为趋势。线上教学模式使学生无论身处何地，只要有互联网，就能参与到课堂学习中，极大地提高了学习的便利性和灵活性。教师通过线上平台传递知识，学生可以自主安排学习进度和时间，打破了地理和时间的限制。混合教学模式则融合了传统的面对面教学与线上教学的优势。学生在课堂上参与互动讨论和实践活动，在线上进行自我学习和完成作

业。这种模式兼顾了传统教学的人际交往和线上教学的灵活性，实现了教学资源和方法的多样化，也更好地满足了不同学生的个性化学习需求。

（三）学习方式的连续转变

“互联网 + 教育”的兴起引领了学习方式的转变。在这一背景下，学生的学习不再仅仅依赖于传统的课堂讲授和纸质教材。线上学习平台、数字媒体、虚拟实验室等技术手段的运用，使学生能够随时随地自主学习，掌握新知识。互动学习成为主流，学生能通过网络平台与教师、同学进行实时互动，共享学习资源，协作解决问题。这种转变不仅提升了学生学习的自主性，还增强了学生学习的实时性和互动性。同时，实践与项目导向的学习得到了推广，学生在实际的项目和问题解决中，能够更好地将理论知识与实践相结合，培养实际应用能力和创新思维。这一系列转变极大地丰富了学生的学习体验，使学习更加个性化、自主化和实践化，满足了新时代社会和职场对人才的多元化需求。

（四）教育评价的日益多元

在教育领域，网评已经成为现代教育教学管理工作的重要手段。学生通过网络平台，可以给教师的教育教学打分，教师通过网络途径可以给教育行政部门及领导打分，而行政机构通过网络大数据也可以及时地对不同的学校、教师的教育教学活动进行评价与监控，以确保每个学校、教师都能获得良性发展。换句话说，在“互联网 +”时代，教育领域里的每个人都是评价的主体，也是被评价的对象，而社会各阶层也能更容易通过网络对教育进行评价。此外，“互联网 + 评价”改变的不仅仅是上述评价的方式，更主要的是改变了评价的内容或标准。例如，在传统教育教学体制下，教师的教育教学水平基本由学生的成绩来体现，而在“互联网 +”时代，教师的信息组织与整合能力、教师教育教学研究成果的转化、教师积累的经验通过互联网获得共享的程度等，都将成为教师考评的重要指标。同时，互联网技术的应用使得教师可以更系统和精确地追踪学生的学习进度和表现，包括他们的参与度、协作能力和创新思维。这种多维度的评价体系有助于全面了解学生的能力和潜力，推动更为公正和个性化的教育。

第三节　高校教学改革的现实需求

在经济全球化的大背景下，高等教育面临着前所未有的挑战和机遇。社会对高等教育的需求不断增长，人们对多元化、个性化和终身学习的要求日益迫切。为适应这些变化，高校必须充分利用先进技术，利用信息化手段推动教学内容、方法和评价机制的创新。这不仅是对社会日益多样化和复杂化需求的积极回应，也是高校自我发展、提升教学质量的必然选择。高校教学改革的现实需求主要体现在以下几方面。

一、构建以教师为主导、学生为主体的教学体系

在教学过程中教师教和学生学的关系问题，一直是教育学家争论的课题。以教师为主导、学生为主体的“主导主体说”虽然得到了广泛的认同，但由于传统教学方法以教师讲授为主，教学过程以教师和文字教材为中心，因此学生的主体地位并没有得到真正的体现。现代教育技术的运用，改变了传统的教学方法和教学组织形式，使得以讲授为主的传统班级教学发展为班级教学、小组教学、个别化教学和网络教学并举的局面，为真正实现“教为主导、学为主体”的教学过程创造了客观条件。

二、建立终身教育体系

终身教育（或称终身学习）是发端、发展于20世纪60年代，并在20世纪80年代后开始在各国教育改革与发展中付诸实践的一种现代教育思潮，是指教育系统为个人提供一生参与有组织的学习的机会，使其进行不断学习、提高素质，以适应社会发展的需要。终身教育体系的建立，是教育自身发展的必然选择，包括两方面的内容：一方面是通过社会组织，建立各种教育机构，提供各种教育的场所和机会，建立和架构一个使学习者能够终身受到教育的体系，最大限度地创造学习的条件，保障人们在不同阶段和不同层次的各种学习需求得以实现；另一方面是促进个人的终身学习，使每一个社会成员在一生中能持续地学习，以满足其在一生中各个时期、各个阶段的各种学习需求。

信息化教学满足了终身教育体系的开放性、系统性、包容性的要求，使拥有不同社会角色，处于不同人生阶段的求知者，能够通过计算机、媒体、网络等现代高科技获取自己所需要的任何知识。总之，信息化教学使终身教育成为一个可以实现的目标。

三、发展开放式教育

信息化教学使高等教育资源具有新的特点：全球化、海量信息、操作便捷、个性化、低成本。这些新的特点使高等教育的教育观念、组织形式、教学模式、师生关系、教学管理等发生了新的变革。例如，现代远程教育使高等院校的师生同时面临校内、校外教育领域，这两个领域发生的教学活动既可以互补，又可以融合在一起。再如，教师运用现代教育技术进行备课和教学，教师的数字化教案和教学活动不仅作用于课堂上的学生，还通过网络作用于接受远程教育的学习者；远程学习者提交给教师的作业和实验研究报告又可以参与校内课堂教学活动，成为课堂上学生学习研讨的资源之一。

信息化教学将克服地域和国家之间的障碍，使教学资源实现共享，它给高等教学改革带来的最直接的影响是无限制地、低成本地扩大了高等教育的规模和范围，从而最大限度地满足了社会发展对高等教育的需求。

第二章　信息化教学概述

信息化教学正成为当代高校教育的核心力量，其深度和广度不断提升，影响着教育的每个方面。本章将深入探讨信息化教学的内涵，剖析其基本要素与特征，阐述实施信息化教学所遵循的基本原则，分析信息化教学的目标与层次。

第一节　信息化教学的内涵

一、信息化教学的含义

（一）信息化的含义

信息化是运用网络信息技术收集与处理信息的过程，其可以将信息处理结果运用到社会结构优化中，表现为信息技术与人类社会相互依存、相互融合的持续性过程。

实际上，信息化为人类更迅速、更便捷地获取与传递文明成果提供了广阔的平台，创造出一个多种文明共同发展与依存的新文明。信息化的概念具有深刻的内涵与较强的延伸性。在内涵方面，信息化由两个不同的层面组成：一是信息的利用率比较高，信息理念得到了社会各界的广泛关注与认可；二是信息技术产业的迅猛发展使得信息化服务业得到了优化与完善。在延伸性方面，信息化指的是国家和地区的信息环境，信息环境不再将物质与能量作为经济结构的核心，而是用信息取代物质与能量。在这个过程中，现代信息技术被广泛运用到社会经济发展的各个环节与领域中，切实地提高了社会的生产质量与效率。

信息化在人类社会的各个领域中进行传播和发展，并不局限于某一特定的社会领域，人类文化的变迁以及新文明的产生都充分展现了信息化。虽然信息化的发展以现代信息技术为基础，但是其意义与价值已经远远超过了技术应用所带来的意义与价值，信息化对人们的物质生活、价值观念等诸多方面都产生了深刻的影响。信息化鼓励和引导人们去获取信息技术的相关知识，熟练掌握收集、处理、储存、交流信息的方式，帮助人们培养良好的个性与创新意识等。

（二）教学的含义

教学是一种动态的人才培养活动，由教师的“教”和学生的“学”共同组成，是人类社会特有的社会活动。教师可以借助教学活动将科学文化知识与技能有目的、有计划、有组织地传授给学生，以此增强学生的综合素质，将学生培养成对社会有用的人才。①

教学有广义的教学和狭义的教学之分，广义的教学包括一切类型的学习教育、科研、劳动以及人类生活，狭义的教学更倾向于从微观角度界定为学生学习和掌握知识与技能的活动。一般而言，我国传统教学是狭义的教学，但是在信息化快速发展的特殊背景下，教学的含义也需要与时俱进，根据信息化时代的鲜明特征与基本要求，教学变成了一种教学相长的过程。教师与学生在教学过程中，通过双方角色的不断变化、不断调整来取得共同的进步与发展。在信息化时代，教师不再是课堂教学的主宰者，也不再是传统课堂教学中的“一言堂”，学生也不再被动、消极地接受知识，而是成为课堂教学的主体，教师只需扮演主导者的角色。学生能够充分表达自己的学习意志，教师充分尊重和保护学生自主学习的权利。教师在与学生相互交往的过程中，可以借助多种形式的教学手段激发学生的学习潜能，培养学生良好的道德品格，帮助学生成长为优秀的人才。

① 朱贤友，唐芳贵.“互联网＋教育”背景下师范生信息化教学实践研究 [M]. 延吉：延边大学出版社，2021：30.

（三）信息化教学的含义

目前，信息化教学尚没有一个确切的、权威的定义，国内有影响的说法主要如下。

（1）信息化教学是与传统教学相对而言的现代教学的一种表现形态，它以信息技术的支持为显著特征。[①] 当然，以信息技术为支持还只是信息化教学的一个表面特征，在更深层面上，它还涉及现代教学观念的指导和现代教学方法的应用。

（2）信息化教学是以现代信息技术为基础的新的教学体系，包括教学观念、教学内容、教学组织、教学资源、教学模式、教学技术、教学评价、教学环境、教学管理等一系列的改革和变化。[②] 信息化教学是以教学过程的设计和学习资源的利用为特征的。

（3）信息化教学是信息化教育的主干、核心和重要的表现形态。与传统的教学不同，信息化教学是以现代信息技术，特别是计算机技术支持为显著特征的一种教学形态。但是，这并不意味着“技术中心”“技术为本”或“技术决定论”，而是技术为教学更好地服务。也就是利用现代信息技术更好地创造“以人为本”“以学生的发展为本”“以适应信息社会的生存为本”的教育教学条件、环境，使教学效果更优化，使学生的学习更有价值。[③]

二、信息化教学的基本理念

信息化教学要坚持“以人为本”的现代教学理念，即以学生为本。具体要做到以下几点，如图 2–1 所示。

① 唐君．高校英语信息化教学研究 [M]. 北京：中国国际广播出版社，2018：29.

② 张冰，蒯莉萍，成敏．“互联网 +”时代大学英语信息化教学研究 [M]. 西安：世界图书出版西安有限公司，2018：26.

③ 张冰，蒯莉萍，成敏．“互联网 +”时代大学英语信息化教学研究 [M]. 西安：世界图书出版西安有限公司，2018：27.

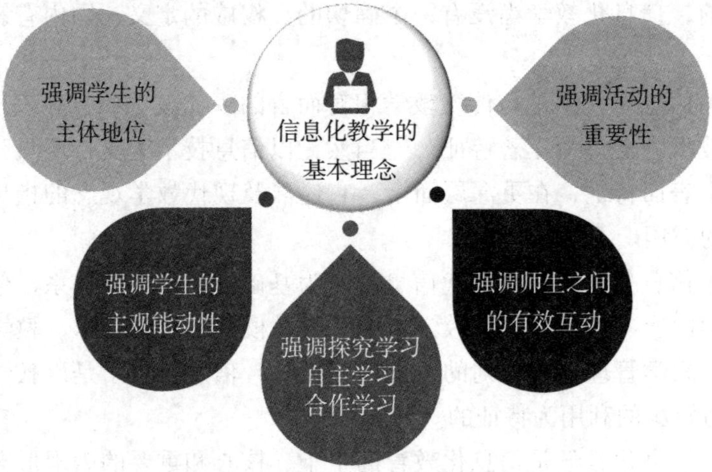

图 2-1　信息化教学的基本理念

（一）强调学生的主体地位

在传统教学中，教师是知识的传递者和教学的主导者。然而，在现代教学理念中，学生被视为具体的、活生生的、有丰富个性的认识主体，他们在教学过程中具备自主性、主动性和创造性。教师的角色也因此发生改变，成为学生学习过程中的引导者和支持者。教师通过创设合适的学习环境和情境，帮助学生建立自我学习的目标和路径，鼓励他们积极探索和实践，发掘自我潜能。在这一过程中，学生有机会通过个人和集体的努力，实现对知识和技能的深入理解和掌握。

（二）强调学生的主观能动性

在信息化教学中，学生的主观能动性得到了广泛的关注和强调。这一点体现在学生在学习过程中不仅是知识和技能的获取者，更是情感、态度和价值观的塑造者。教育不再局限于知识的灌输，而是关注学生的全面发展和个性化需求，学生在学习过程中具备了自我决策、自我调整和自我评价的能力。学生的主观能动性也表现在其对学习目标和内容的参与和贡献上。他们不再是教学过程中的被动接受者，而是能够根据自我认知、兴趣和动机，主动参与到学习活动中。在这一过程中，学生能够通过实践、探索和反思，不断调整和优化自我学习策略和路径，实现知识和技能的内化和升华。强调学生的主观能动性也意味着重视学生的创造性和批判性思维的培养。学生被鼓励对学习内容和过程提出疑问、进行反思和创新，这有助于培养他们的独立思考和问题解决能力。

（三）强调探究学习、自主学习、合作学习

信息化教学倡导学生主动参与、乐于探究、勤于动手，注重培养学生搜集和处理信息的能力、获取新知识的能力、分析和解决问题的能力以及交流与合作的能力。因此，教师应当首先改变以往的教学方式，运用信息化教学方式培养学生的探究学习、自主学习、合作学习能力。探究学习强调学生的积极参与和主动探索，让学生在真实世界的问题和情境中学习。学生学习不再局限于课堂和教科书，而是深入实际场景中，运用所学的知识和技能去解决问题，提升实践技能和创新能力。自主学习则关注学生的个体差异和自我发展。每个学生都有自己独特的学习节奏和方式，自主学习允许学生根据自己的需求和兴趣定制学习路径。这一模式有助于激发学生的学习兴趣和动机，培养他们的自我管理和自我调整能力，为终身学习打下坚实的基础。合作学习则侧重于学生之间的相互作用和协同发展。学生通过小组讨论、项目合作等方式共同完成学习任务，这不仅有助于知识和技能的交流和传递，还能培养学生的团队协作和社会交往能力。合作学习也有助于构建一个共享、多元和开放的学习环境，推动学生的多维度发展。

（四）强调师生之间的有效互动

在信息化教学环境下，师生之间的有效互动是推动学生学习和发展的关键要素。这种互动不再局限于传统的面对面交流，还延伸到了线上平台和社交媒体等多样化的交流渠道。教师与学生之间的关系更为平等和有亲和力，交流和反馈的过程也更加及时和高效。在这种互动模式中，教师充分利用信息技术的优势，定期获取学生的学习数据和反馈信息，精确了解每个学生的学习状态和需求。基于这些信息，教师可以个性化地调整教学策略和内容，为学生提供更为贴切和有效的学习支持。学生也被鼓励表达自我意见和感受，参与到教学决策和评价中，学习过程更加民主和开放。这种师生互动还体现在学生对教学内容的反馈和评价上。学生可以通过多种渠道反馈自我学

习的体验和成果，教师则基于这些反馈进行反思和改进，使得教学更加贴近学生的实际需求和期望。同时，这种互动也为学生提供了丰富的社会交往和情感表达的机会，有助于培养他们的沟通能力和社会交往技能。

（五）强调活动的重要性

活动，这里特指经悉心设计和组织的学习任务和项目，旨在帮助学生将理论知识应用于实践，解决实际问题。信息化教学的活动多种多样，包括但不限于小组讨论、项目实施、实地考察等。这些活动使学生有机会从多个角度、多个层面接触和理解知识。在活动中，学生需要动手操作、动脑思考、开口交流，充分发挥主观能动性，这样的学习过程有助于锻炼学生的实践能力、创新能力和合作能力。每个活动都是一个小型的、完整的学习项目，学生在其中不仅能学习到知识和技能，还能了解如何计划、组织和实施一个项目，如何与他人合作、交流。这些都是传统课堂教学难以涵盖的内容。在活动中应用信息技术，如在线协作工具、虚拟现实等，进一步丰富了活动的形式和内容，提升了学生的学习体验。活动导向的信息化教学注重培养学生的主动学习意识和能力，强调学生在实际操作和实践中探索、体验和学习，通过完成具体任务，实现知识技能的学习和能力的培养。这种方式有助于培养学生的综合素质，使他们在未来的学习和工作生活中能够更好地适应和应对各种挑战。

第二节　信息化教学的要素与特征

一、信息化教学的要素

（一）教学要素

教学要素问题是教学论的基本课题之一，对此众说纷纭，莫衷一是，有“三要素说”（教师、学生和教材）、“四要素说”（教师、学生、教学内容和教学手段）、“五要素说”（教师、学生、教材、工具、方法）、“六要素说”（教师、学生、教学内容、教学工具、时间、空间）、“七要素说”（学生、教学目的、教学内容、教学方法、教学环境、教学反馈和教师）。[①]

那教学要素到底有哪些呢？首先需要从“要素”的内涵着手分析。要素是指构成事物的必要因素，而因素是指构成事物本质的成分、决定事物成败的原因或条件，这说明因素外延宽于要素。影响教学系统运行的因素有许多，有些是教学系统的必要成分，若缺少这些成分就不能称其为教学，有些因素属于教学系统的充分条件，条件越充分，教学活动越有效，前者可称为教学要素，后者可称为教学因素[②]，教学要素是构成教学系统的必不可少的条件或成分。基于要素和教学要素内涵问题的考量，再仔细分析一般教学的含义及过程，就会对教学要素有一个准确的认识。一般教学是指教与学的互动过程，因此首先需要教的人和学的人，暂且称之为教育者和学习者。教育者和学习者的互动活动是一个信息交流的过程，教育者将自己所掌握的知识传授给学习者，此时所传授的内容一般被称为教学内容，有时也被称为教材、课程。这只是单向的授递活动，而不是互动活动，要互动还必须有学习者的信息（不仅仅是反馈）传向教育者，如此循环往复的过程才能构成完整的互动教学过程。在这个完整的互动教学过程中，交换的信息除了教学内容、反馈信息，还有许多，如社会对学习者素质的要求、教育目标等，这些可被称为控制信息，总之，在教学过程中交换的信息统称为教育信息，其中教学内容是最重要的。至此，一般教学的最基本的要素逐渐清晰，即教育者、学习者和教育信息。但还有一个问题值得思考：教育者和学习者之间如何交换教育信息？或口耳相传，或使用一定的手段、方法和技能，总之，教育者和学习者之间需要一个中介，是教育媒体？教育工具？教育方法？教育环境？还是教材教具？笔者认为，教育者和学习者之间的中介是教育媒体、教育工具、教育方法、教育环境、教材教具等的总和，这个总和在广义上可被称为教育技术，是指人类在教育教学过程中运用的一切物质手段、方法技能和知识经验，但它不是有了“先进媒体”之后才有的，而是古已有之。

经过以上分析，笔者认为，教学要素包括教育者、教育信息、教育技术和学习者，除此之外，教学的其他因素包括目的、环境、噪声、评价、效果、反馈等，各因素之间的相互关系如图 2–2 所示。

① 张楚廷．教学要素层次论 [J]. 教育研究，2000（6）：65–69.

② 吕国光．教学系统要素探析 [J]. 上海教育科研，2003（2）：25–28，44.

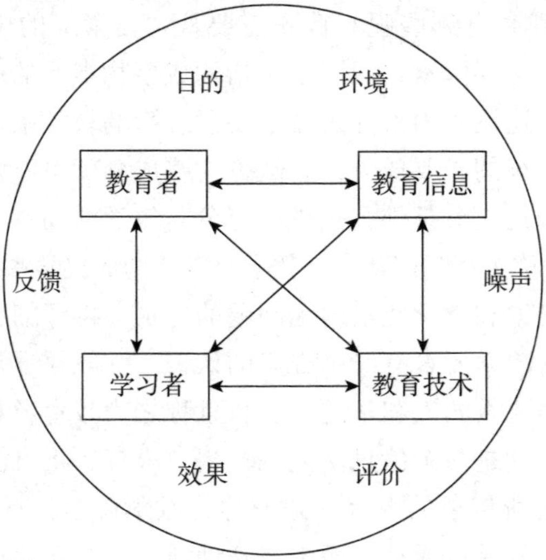

图 2-2　教学要素

（二）信息化教学要素

在信息化教育学界，有学者认为，信息化教学相对于传统教学来说，在教师、学生和教学内容三个要素的基础上增加了教学媒体这个要素[①]；也有学者认为在教师、学生和教学内容三个要素的基础上增加的第四个要素是教育技术。[②]

某种媒体技术在教学中的应用是否改变了教学要素的数量呢？不可否认，教学要素是指教学系统的要素，用系统论的观点看待教学，教学是一个动态的过程，会随着社会的进步、时代的发展而发生变化。但笔者认为，变化的不是要素的数量，而是要素及其相互关系，或者说，先进技术的运用并未改变教学要素的数量，仅仅改变了各要素的内涵及其相互关系，即信息化教学方式的要素与传统教学方式的要素是一致的，只是在不同的教学方式中各要素的含义和彼此间的关系发生了变化。

笔者还认为，之所以有学者认为信息化教学相比传统教学增加了一个

① 何克抗 . E - learning 与高校教学的深化改革（上）[J]. 中国电化教育，2002（2）：8-12.

② 刘兴喜 . 对教育技术学研究方法的思考 [J]. 中国成人教育，2005（4）：67-68.

要素，原因在于，对除教育者、学习者、教育信息外的第四个要素的认识较狭窄，或囿于教学媒体，或囿于教学手段，或囿于教学方法。如上所述，笔者将第四个要素归纳为教学媒体、教学手段、教学方法等的总和，即教育技术。

（三）信息化教学要素内涵的变化

如前所述，信息化教学要素与传统教学要素是一致的，仍然包括教育者、教育信息、教育技术和学习者等要素和目的、环境、噪声、评价、效果、反馈等因素，不同的是，在以现代教育技术的应用为标志的信息化教学中，不仅教育技术发生了根本性的变化，其他要素的内涵也发生了变革。

1. 信息化教学中的教育者

传统教学中的教育者指的是教师，教师是教学权威，是教育信息的唯一来源，处于主体地位。信息化教学中的教育者经历了深刻的角色和定位转变。从组成上看，信息化教学中教育者不仅仅指教师，还包括教学设计者、教育管理者、教材编制者等。从角色上看，教育者已不再局限为知识的传授者，已演变成学习者的导师、促进者和组织者。他们也是学习者和研究者，深入探索教育的新领域。从地位上看，在信息化教学中，教师不再是权威的象征，他们更多地充当学习者智能的辅导者、认知的引导者、情意的诱导者。教师与学生之间的关系更趋于平等、互动和协作，共同探究知识，共同成长。从素养上看，在信息化教学中教育者的素养需要达到更高的水准。除了传统的教学设计、教学监控、教学管理能力，他们还需要具备信息化教学设计的技能、信息素养和媒体素养。这意味着教育者不仅要熟练运用现代信息技术和媒体，还要能够根据不同情境和学生需要，灵活、创新地设计和实施教学方案。在这一进程中，教育者是持续学习和进步的。他们面临的挑战不仅来自技术的快速更新，还来自学生日益多样和复杂的学习需求。教育者需要保持开放和灵活的心态，不断学习新的知识和技能，以适应教育的多样性和复杂性。

2. 信息化教学中的学习者

在信息化教学环境中，学习者的角色、能力和期望都经历了显著的转变。他们不再是被动接受知识的对象，而是积极参与的主体，拥有更多自我探索和发现的机会。信息技术的广泛应用赋予学习者获取和处理信息的能力，使他们能够自由探索、分析和创造知识。学习者的自主性和主动性得到了极大的增强，他们可以根据自我兴趣、需求和节奏定制个性化的学习路径。学习者在信息化教学中也更加注重实践和应用，倾向于通过项目、问题和挑战导向的学习活动，获得更深入、全面的学习体验。信息技术为学习者提供了广泛的交流和合作平台，使他们能够轻松地与教育者、同伴和全球的学习者交流、合作，分享知识和经验。学习者的数字素养和媒体素养变得尤为重要，他们需要具备评估、分析和利用数字信息的能力，以在复杂、动态的信息环境中做出明智的决策。在信息化教学中，学习者更倾向于终身学习的理念，意识到学习是一个持续、不断发展的过程，努力适应快速变化的社会和技术环境，不断完善自我。

3. 信息化教学中的教育信息

传统教学中的教育信息是单一的，主要是指课本上的知识，即教材。在信息化教学中，教育信息指在教育系统中传递、交流的内容，既包括师生之间传授的知识、方法、技能等内容，也包括教育活动中产生的维持其活动的中介内容。传统教学中教师是教学内容的唯一来源，师生交流信息的方式以口语传播为主，在信息化教学中，教育信息的表现方式多媒体化，文字出现后有了文字教材，视听教学中又有幻灯、投影、广播、电视等，计算机及互联网出现后又有了数字化教材和网络课程。教育信息的传递途径立体化，教育者和学习者之间既可以方便地实现面对面的实时交流，又可以实现非面对面的交流；既可以方便地实现异地实时交流，还可以实现异地非实时交流。另外，信息化教学中的教育信息还实现了处理方式数字化、存储方式光盘化、管理方式网络化等。

4. 信息化教学中的教育技术

传统教学采用以教师为中心的班级授课制，只有黑板和粉笔，缺乏其他教育技术特别是物质形态技术的支持。信息化教学以现代教育技术的应用为标志。现代教育技术是指在现代教育思想指导下，把现代教育理论应用于教育教学实践的手段和方法体系，它包括现代教育媒体、媒体教学法和教学设计等。

二、信息化教学的特征

信息化教学的特征可以从技术层面和教育层面加以分析。

（一）技术层面

从技术层面上看，信息化教学的基本特征是教学材料多媒体化、教学手段现代化、教学系统智能化、信息传输网络化、教学环境虚拟化、教学管理自动化。

1. 教学材料多媒体化

教学材料多媒体化意味着教材转变为具有丰富表现形式的“活的”教材。传统的文本教材被赋予了更丰富的生命力，集成了图像、声音、视频和动画等元素。多媒体教材更加生动形象，能吸引学生的注意力，提高他们的学习兴趣和参与度。多媒体教材通过直观和动态的信息呈现，更加符合学生的学习习惯和认知特点，帮助他们更深刻地理解和掌握知识点，实现知识和技能的高效传递。

2. 教学手段现代化

随着科技的发展，教学手段不断升级和革新。教师可以利用现代技术，如电子白板、在线课程、移动学习应用等，使教学更加生动、有趣和高效。现代化的教学手段支持实时反馈和互动，使教师能够更好地理解学生的学习进度和问题，调整教学策略。

3. 教学系统智能化

教学系统智能化通过各种先进的技术和系统不断提高教学质量和效率。其中，智能教学系统、智能导师系统和智能教学代理系统是三种常见的应用形式。智能教学系统利用人工智能技术为学生提供个性化的学习体验。该系统能够根据每个学生的学习历程、能力和需求，自动调整教学内容和难度。通过实时收集和分析学生的学习数据，智能教学系统能帮助教师及时了解学生的学习情况，并为学生提供个性化的学习建议和资源，增强学习效果。智能导师系统更侧重于模拟人类导师的角色，通过AI技术为学生提供个性化的指导和帮助。它能够根据学生的学习表现和需求，提供定制化的教学和辅导服务。智能导师系统能够帮助学生解决学习中的问题，引导学生探索和思考，从而促进学生的深层次学习。智能教学代理系统则是一种更为先进的AI教学形式，它不仅能够适应学生的个性化学习需求，还能主动与学生互动，模拟教师的教学行为。这类系统能够理解学生的需求，提供及时的反馈，甚至能够进行一定程度的情感交流和社会互动，使学习过程更加人性化和多元化。

4. 信息传输网络化

信息传输网络化是指教学信息和资源通过互联网和局域网实现快速、便捷的传输和分享。学生可以在线实时访问大量学习资源和信息，进行异步或同步的学习。网络化的信息传输也支持教师和学生之间的实时互动和协作，加强了教学的互动性和参与性，有利于提升学习的深度和广度。

5. 教学环境虚拟化

通过计算机模拟和虚拟现实技术，可以为学生创造一个仿真、互动的学习空间。在这个虚拟环境中，学生可以进行各种实验和操作，不断探索和学习，得到类似于真实世界的学习体验。虚拟教学环境使得复杂、危险或高成本的实验变得可行和安全，丰富了教学内容和方法。

6. 教学管理自动化

教学管理自动化体现在教学活动和资源的组织、分配和监控等方面的自动化实现。通过先进的信息技术和系统，教学管理过程变得更加高效、准确和简便。自动化技术能够帮助教师轻松管理学生信息、课程资源、学习进度等，减轻管理负担，让教师有更多的时间和精力专注于教学。同时，自动化的数据分析和报告功能为教学决策提供了支持。

（二）教育层面

从教育层面看，信息化教学具有以下基本特征，如图 2-3 所示。

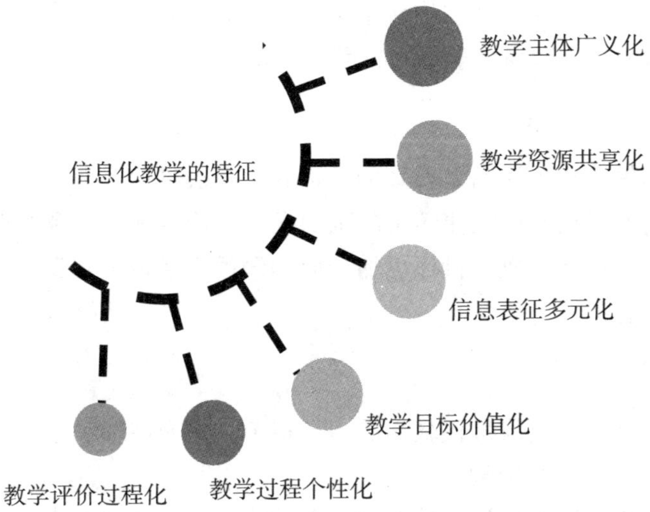

图 2-3 信息化教学的特征

1. 教学主体广义化

在信息化教学中，教师不仅包括实体教室中的实际教师，还包括“物化”的电子教师和“拟人化”的虚拟教师。电子教师，如数字课件和在线教程，为学生提供了丰富多样的学习材料和自学机会。虚拟教师，如智能教学系统，能够模拟人类教师的教学行为，提供个性化的指导和互动学习体验。在学生方面，教学主体不再局限于校内学生，还扩展到校外的社会性学习者。

2. 教学资源共享化

教学资源共享化通过先进的信息和网络技术实现，各种网络教育平台、教学站点、虚拟软件库、电子期刊和数字化图书馆等资源丰富了学习和教学的内容和方式。这些数字化资源可以轻易地跨越地理和时间的界限，被广泛地分享和利用。学生和教师可以便捷地访问这些在线资源，获取大量的信息和知识，满足各种学习和教学的需求。资源共享化不仅提升了教学的效率和质量，也促进了知识的民主化和平等化。

3. 信息表征多元化

信息表征多元化是指信息和知识以多种形式和渠道呈现。文本、图像、视频、音频和交互式媒体共同构建了丰富多彩的学习环境，满足了不同学生的学习需求和偏好，增强了学习的吸引力和效果。

4. 教学目标价值化

教学目标价值化关注的是教育的长远和深层次价值。信息化教学不仅追求知识和技能的传授，更关注学生的全面发展、价值观形成和社会责任感的形成。在这一背景下，教学目标更加全面和深远，涵盖了知识、能力、情感和态度等多个层面。

5. 教学过程个性化

教学过程个性化是信息化教学的一大特色，它允许教学内容、方法和节奏针对每个学生的独特需要和特点进行定制。借助先进的技术工具和系统，教师可以轻松获取学生的学习数据和反馈，深入了解他们的学习风格、能力和进度。教学过程个性化可以使每个学生享受到为其量身定制的学习资源和活动，确保他们的学习需求得到充分满足，挖掘他们的最大潜能。教学不再是“一刀切”的模式，而是变得更加灵活和多样，学生也从被动接受知识的对象转变为主动探索和构建知识的主体。这样的个性化教学推动了学生的全面和平衡发展，也使教育更加人性化和高效。

6. 教学评价过程化

信息化教学评价不再以考试评定结果、以分数衡量优劣，而是更重视自我评价、主观评价、形成性评价、资源评价和绩效评价。自我评价允许学生反思自我，深化对自身学习状态和需求的认识，从而调整和优化学习策略。主观评价尊重每个学生的独特视角和体验，强调多样性和个性化。形成性评价关注学生知识和能力的形成和发展，提供实时反馈，支持学生的持续进步。资源评价着重评估学习资源的质量和效用，确保其支持学生的有效学习。绩效评价则多维度、全面地评估学生的学习成果和能力表现。这种过程化的评价方法，不仅全面、动态地反映学生的学习状态和成就，也促进了教学方法和资源的持续优化，使教学和学习更加适应每个学生的个体差异和发展需求。

第三节　信息化教学的基本原则

教学原则是在教学活动中必须遵循的基本教学行为规范。教学原则是根据教育目的和教学过程客观规律确定的，它既能够指导教师的教，也能够指导学生的学。

教学原则以一定的哲学观点和某些相关的科学理论为指导，是对教学实践经验的概括和总结。传统教学要遵循一定的教学原则，信息化教学同样要遵循教学原则，即在教学原则的指导下更加有效地开展教学活动，与传统教学不同的是，信息化教学原则具有信息时代的特征。信息化教学主要遵循以下教学原则，如图 2–4 所示。

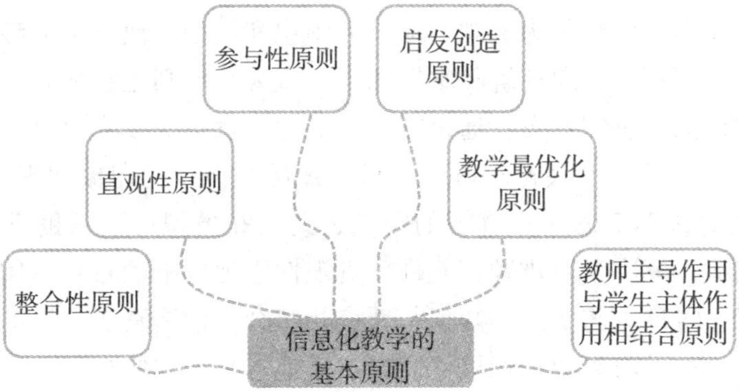

图 2–4　信息化教学的基本原则

一、整合性原则

整合性原则是信息化教学基本原则的核心，强调教学内容、技术和方法的有机融合。在这一原则的指导下，教学不仅是知识和信息的传递，也是多种教学元素和资源的综合应用和实践。教师利用先进的信息技术，将多媒体、网络、虚拟现实等不同形式的教学资源融入教学过程中，打造丰富多样、动态互动的学习环境。这种整合不仅丰富了教学内容，使之更加生动有趣，也拓展了教学方法，使之更加灵活多变。整合性原则也强调课程设计的综合性和实践性。课程内容不再是孤立、碎片化的知识点，而是紧密结合实际，注重知识与技能、理论与实践的整合。学生在学习中不仅吸收了知识，也培养了能力，不仅理解了理论，也进行了实践操作。这样的整合性教学促进了学生全面、均衡地发展，帮助他们构建完整的知识体系，培养实践能力，提升综合素质。整合性原则也意味着教育的开放性和包容性，欢迎和借鉴多种有效的教学理念和方法，不断创新和优化教学，以适应不断变化和发展的教育需求和环境。在这一原则下，教学变得更加多元、全面和深入，既注重知识和技能的传授，也关注学生的能力和素质的培养。

二、直观性原则

直观性原则在信息化教学中占据重要位置，它强调通过直接、形象和生动的方式传递复杂的信息和知识，使学生能更容易理解和掌握。在信息化教学环境中，直观性原则的实现依赖于多媒体等技术的广泛应用。这些技术能将抽象的知识和概念转化为直观、动态的图像和模型，使学生能够直观地观察和操作，从而更深入地理解和掌握知识。直观性原则也意味着教学设计应关注学生的认知和感知特点，通过视觉、听觉、触觉等多种感官进行信息的传递，提升学生的学习兴趣和学习动机，加深对知识的印象和理解。例如，在学习复杂的科学概念时，直观的图像、动画和模拟可以帮助学生清晰地构建知识结构，解决学习难题。此外，直观性原则也推动教师运用多种教学方法和手段，将理论与实践、知识与情境相结合，创造真实、生动的学习场景，激发学生的学习兴趣和积极性。通过实地考察、实验操作、情景模拟等活动，学生可以直观地体验和应用知识，将抽象的概念转化为具体的经验和技能。这样的直观性教学不仅增强了学生的学习效果和满意度，也培养了他们的实践能力和创新精神，使教学和学习更加富有生命力和活力。

三、参与性原则

参与性原则强调学生在学习过程中的主动参与和互动。信息化教学利用技术工具和平台，创建了一个开放、动态和互动的学习环境，学生被赋予了更大的自主权和创造力。在这样的环境中，学生不再是被动的知识接收者，而是成为学习的主体和参与者，他们能够主动探索、提问和解决问题，参与到知识的建构和创新中。技术的应用也增强了教师与学生、学生与学生之间的互动，使学习变得更加个性化和社会化。在线讨论、协作学习、项目实践等方式让学生有机会分享思想、交换经验，共同建构知识。参与性原则也推动了教学的开放性和灵活性，学生可以根据自身的兴趣和需求选择学习路径和内容，教师则更多地扮演引导和支持的角色，帮助学生发掘潜能、克服困难。这种参与和互动不仅丰富了学习的内容和方式，也促进了学生的主动性和创造性，帮助他们培养批判性思维、问题解决和自我学习的能力。通过参与，学生可以更深刻地理解知识、拓宽视野，也能更好地将所学知识应用到实际和未来的学习生活中，实现持续和终身的发展。

四、启发创造原则

信息化教学中的启发创造原则，是指教师利用先进的教育理念，在信息化环境的支持下采用多样化的方式支持学生的学习，并且在教学中最大限度地调动学生学习的积极性和自觉性，激发他们的创造性思维，从而使学生在融会贯通地掌握知识的同时，充分发展自己的创造性能力与创造性人格。

启发创造原则是在现代教育理念指导下教学与发展相互影响和相互促进规律的反映。信息化教学不仅要求教师向学生传授知识、技能和技巧，而且要求教学能够促进学生主动对知识进行意义建构，促进学生情感、态度、价值观的发展。教师在教学中要将学生视为学习的主体，设计多样化的教学活动，利用多媒体手段启发学生积极思考，促使他们自己提出问题、分析问题和解决问题。

启发创造原则，还是信息化教学受制于信息化社会需要这一规律的具体体现。信息化社会发展的趋势，要求学校教育教学必须培养学生的信息素养、革新精神和创造能力。只有这样，学校所培养的人才才能适应未来瞬息万变的社会要求，才能以新的思维方式去捕获新的有价值的信息，才能在未来的工作中敢想、敢干，为社会创造财富。目前，通过信息化教学发展学生的创造性思维，培养创造型人才已经成为世界各国教学改革的重心。

五、教学最优化原则

教学最优化原则意味着通过系统化设计，确保教师、学习者、媒体和教学内容等教学要素的优化组合，实现最优的教学效果。这一原则指出教学效果是由所有教学因素共同形成的合力所决定的。在具体应用中，教师面临的挑战是如何巧妙地整合这些要素，以实现教学目标的同时提高教学效率，确保在最少的必要时间内获得最好的教育教学效果。

在信息化教学环境中，多样化的教学活动和学习活动设计成为实现教学最优化的关键途径。教师需要细致分析学习者的需求和特点，选择适当的媒体和技术，精心设计教学内容和活动。每个教学要素都被赋予特定的角色和功能，共同协作，形成一个有机、协调的教学系统。教学内容的选择和组织，学习者的参与和反馈，媒体的应用和优化，都在教师的精心规划和调整下，达到最佳的状态。

信息化教学不仅提供了丰富的教学资源和工具，也带来了灵活、个性化的教学。在这一背景下，教学最优化不再是一个固定、一成不变的标准，而是一个动态、适应的过程。教师需要不断探索和实验，根据学生的反馈和成绩，调整教学策略和方法，确保教学的有效性和高效性。这一原则将教学视为一个开放、发展的系统，旨在通过不断的优化和创新，实现教学质量和效果的最大化。

六、教师主导作用与学生主体作用相结合原则

建构主义的学习理论要求学生主动建构知识，教师要成为学生建构意义的促进者，它强调学生的主体地位与教师的主导地位。学生的主体性在教学过程中具体表现为自主性、主动性和创造性。教师主导作用与学生主体作用相结合原则，是指在信息化教学过程中教师既要充分发挥自身的主导作用，又要充分调动学生的积极性与主动性，正确处理教与学的关系，把教师与学生的积极性都调动起来。

该原则在信息化教学中的运用，充分体现为强调学生是学习的主体，强调学生主体在教学中的积极作用。这是因为，学生的学习是一种自觉的、能动的活动。也就是说，学生要把教师提供的一切认识材料转化为自己的东西，就必须通过积极、自觉的思维去接受、理解、消化和运用。教师的主导作用和学生的主体作用，是相互协调、相互促进、互为条件的两个方面。两者应该紧密结合、协同活动，才能积极地发展学生的个性，提高教学效益。

第四节　信息化教学的目标与层次

一、信息化教学的目标

信息化教学的目标如图 2-5 所示。

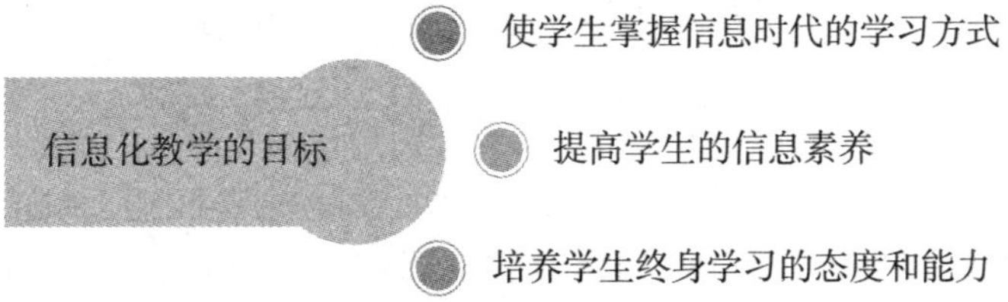

图 2-5　信息化教学的目标

（一）使学生掌握信息时代的学习方式

在信息化学习环境中，学生的学习方式发生了重要的变化。学生的学习不再单一依赖于教师的讲授与课本上的知识，而更多的是通过信息化平台和数字化资源来获取相关的知识。借助信息技术，教师、学生之间开展协商讨论、合作学习，并通过对资源的收集利用，以探究知识、发现知识、展示知识的方式进行学习。信息技术时代要求学生掌握以下新的学习方式。

1. 会利用资源进行学习

在信息技术时代，学生面临着海量的信息和多样化的学习资源。掌握如何有效利用这些资源进行学习尤为重要。学生需要学会筛选、评估和整合不同类型的学习资源，包括在线课程、数字图书、教育软件和多媒体内容等。学生可以根据自身的兴趣、需求和进度，选择合适的学习资源，进行深入的探究和学习。

2. 学会在数字化情境中进行自主发现的学习

数字化情境赋予学生更为广泛和灵活的学习空间。学生不再被限制在传统的课堂教学模式中，能够在虚拟和实境相结合的环境里自主发现学习的奥秘。这要求学生具备较强的主动性、探究性和自我调控能力，能够设立学习目标、策划学习路径、实施学习策略并评价学习效果。

3. 学会利用网络通信工具进行协商交流、合作讨论式的学习

网络通信工具打破了时空限制，使学生能够在更广泛的范围内进行交流和协作。学生需要学会有效地利用这些工具，进行信息的分享、知识的建构和学习的协商。他们应掌握在线交流的规范和技巧，以及如何在多元文化和跨学科的背景下，进行有效的协作和团队学习。网络通信工具的运用有助于培养学生的社交能力、团队协作能力和跨文化交流能力。

4. 学会利用信息加工工具和创作平台，进行创造性学习

在信息技术时代，创造性成了学习的重要目标。学生需要学会利用信息加工工具和创作平台，将获取的信息和知识转化为自我表达和创造成果。他们应该学会如何进行信息的分析、整合、创新和呈现，发挥自我创造性，生成具有个人特色和价值的作品。这样的学习方式有助于培养学生的创新能力、技术能力和实践能力，为未来职业和社会生活做好准备。

（二）提高学生的信息素养

教育信息化对学生的学习方式产生了深远的影响，转变了传统的教学模式和学习方法，但只有学生具备了高度的信息素养，才能有效地适应和利用信息时代丰富多样的学习资源，才能在信息海洋中精准地筛选、评估和利用信息，进一步将其融入自我知识体系，实现个人知识和能力的增长。学生的信息素养包括以下三个方面的内容。

1. 信息技术的应用技能

信息技术的应用技能是信息素养的基础组成部分，涵盖对各类信息工具和技术的熟练掌握与应用。在数字化、网络化日益显著的时代背景下，掌握信息技术的应用技能不仅意味着能够熟练操作计算机、手机等设备，还包括能够高效利用搜索引擎、应用程序和其他在线工具来获取、处理和传递信息。信息技术的应用技能也意味着要具备一定的问题解决能力，能够通过技术手段解决学习和生活中遇到的问题。

2. 批判与理解信息内容的能力

在信息爆炸的时代，信息过载。在这种背景下，批判和理解信息内容的能力显得尤为重要。学生需要具备筛选、评价和分析信息的技能，能够判别信息的真实性、可靠性和价值性。这意味着要能够在海量信息中识别出有用的、准确的和可靠的信息，避免受到错误或有偏见的信息的误导。学生也需要能够理解和解释信息，将其融入自身的知识体系中，形成有深度、有广度的知识和见解。

3. 运用信息与融入信息社会的态度与能力

运用信息与融入信息社会的态度与能力，是信息素养的高阶层面。它涉及学生如何以积极、负责任的态度参与到信息社会中，如何运用所学的信息技术和知识服务于社会和个人的发展。学生需要学会合规、道德地使用信息，保护自我和他人的隐私和信息安全。同时，学生应具备跨文化、跨学科的交流和协作能力，能够在全球化、多元化的信息社会中与他人有效沟通、协作，共同创造和分享信息和知识。这种能力和态度有助于学生成为信息社会中有责任、有贡献的成员。

（三）培养学生终身学习的态度和能力

学习资源的共享，互联网络的支持，学习空间突破了学校围墙的限制，实现了人们随时随地学习的梦想。教育信息化还为人们从接受学校教育向终身学习的转变提供了机遇和条件。终身学习就是要求学生能根据社会生活、工作的需求，确定继续学习的目标，并有意识地自我规划，自我管理，自主努力，通过多种途径实现学习目标的过程。要实现终身教育和终身学习，教育必须进行深刻的变革。信息化教学为实现终身学习提供了可能。信息化教学强调教学要实现个性化、自主化、作业协同化，要把培养学生学会学习，培养学生具有终身学习的态度和能力作为教学的目标。①

二、信息化教学的层次

在信息化教学过程中，根据学生不同的参与程度以及对信息技术的特征和功能的不同要求，可将信息化教学细化为三大层次，如图 2–6 所示。

① 张玉堂. 信息技术与课程整合的目标和方法 [J]. 天津教育，2021（5）：65–66，69.

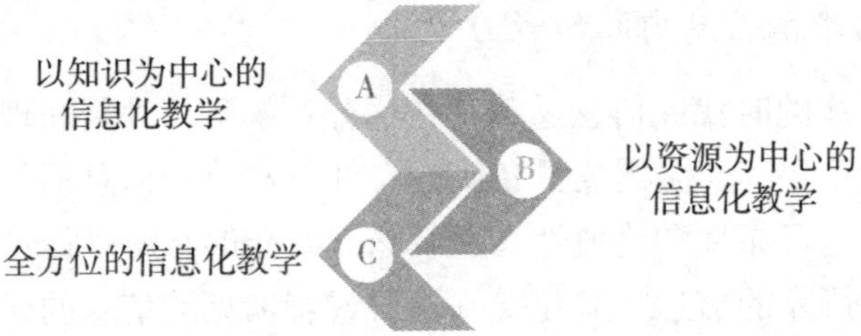

图 2-6 信息化教学的层次

（一）以知识为中心的信息化教学

目前，大多数教学都属于以知识为中心的信息化教学：所有的教学都严格按照教学大纲的要求，以教科书为主要的教学资源，按照教科书的安排和课时要求设计所有教学活动。以知识为中心的信息化教学主要表现在以信息技术作为学科教学的演示工具，这是信息化教学的最低层次，也是目前大多数基础教育停留的层次。信息技术作为教学的演示工具主要体现在教师使用计算机辅助教学软件或多媒体素材库，如利用 PPT 课件授课，详细讲解学科知识，或用图表、动画等展示动态的变化过程等，甚至在课堂知识点较多的情况下，将信息技术的演示作用发挥得更加彻底，如通过快速播放课件的形式，在不超时或超时不多的情况下完成课程内容。在这样的信息化教学方式中，计算机代替了粉笔、黑板等传统工具，实现了它们无法实现的教育功能。但是，如果信息技术的使用效果达不到使用幻灯、录像产生的教学效果，或者只是简单地代替了幻灯、录像等媒体，那么信息技术的使用则成为教学的一种装饰或点缀，毫无意义。

以知识为中心的信息化教学虽然采用电子课件或其他辅导软件，但整个教学思想都在以知识为中心的指导下进行的，教学目标、教学内容、教学形式及教学组织都和传统课堂教学没有什么区别，整个教学过程仍以教师的讲授为主，学生仍然是被灌输的对象。信息技术的引入，一方面减少了教师的工作量，另一方面减少了教师课堂板书的时间，增大了课堂教学内容的传授量。而对学生的思维与能力的发展，与传统教学方式相比，并没有实质性的进步。在此教学层次，信息技术的使用者是教师而不是学生，学生处于听、看的状态，没有实际操作的机会，因此仍属于被动型的学习。

（二）以资源为中心的信息化教学

在以资源为中心的信息化教学层次中，教学观念、教学设计的指导思想、教师与学生的角色等均发生了较大的变化。教学设计从以知识为中心转变为以资源为中心、以学生为中心，教育者日益重视学生对所学知识的意义建构。信息技术为教学提供了丰富的资源，也为课堂的交流、反馈提供了平台。学生真正成为学习的主体，教师成为学生学习的指导者、活动的设计者。这个层次的信息化教学可分为两个阶段，分别是信息技术提供资源环境阶段和信息技术促进交流评价与教学反馈阶段。

1. 信息技术提供资源环境阶段

随着网络技术的飞速发展，学生可利用的有效资源不仅仅来自教师和教科书，更多来自互联网。但是，面对浩如烟海的网络资源，如何快速、准确地找到所需的资源，如何迅速地判断资源的价值并对其进行取舍，如何合理地将资源重新组合为己所用，都关系到学生完成教学目标的质量。

此阶段主要培养学生获取信息、分析信息的能力，让学生在对大量信息进行筛选的过程中，实现对事物多层面的了解。教师可以在课前将所需的资源整理好，以文件的形式发给每名学生，或以文件夹共享、存放在 FTP 服务器上等形式，让学生通过接收或者访问文件夹等方式进行信息的选择；也可以为学生提供适当的参考信息，如网址、搜索引擎等，让学生自己借助互联网或资源库搜集相关信息。经实践，后者比前者更能培养学生获取信息、分析信息的能力。

用信息技术提供资源环境，就是要突破书本是知识主要来源的限制，用各种相关资源来丰富封闭的、孤立的课堂教学，极大地扩充教学知识量，使学生不局限于课本知识的学习，而是开阔思路，拓宽视野，看到各种思想。该阶段是后续阶段教学的基础。在信息社会里，只有找到资源，才有可能实现再创作、发明。

2. 信息技术促进交流评价与教学反馈阶段

借助信息技术，提供课堂交流和反馈的平台，主要目的在于通过信息的交流与反馈，重点培养学生信息的加工能力、思维的流畅表达能力以及信息的评价能力，强调学生在快速提取信息的过程中加工与处理、评价、表达信息的能力。该阶段必须依赖信息技术提供资源，而不能独立存在。因为没有可供探索的资源，则无法实现对信息的获取，更不可能有效地实现对信息的评价和反馈。该阶段可采用任务式教学策略，尤其适合课堂大讨论、作品评价等环节；当然，也适合学习。如在作品评价中，让学生将自制的作品上传到课程网站，然后邀请每名学生点击进入，评价学生作品。

在教学过程中，教师要密切注意学生完整的信息加工处理过程，在其遇到困难的时候给予及时的辅导和帮助，以确保信息交流和反馈的有效进行。

（三）全方位的信息化教学

以知识和资源为中心的信息化教学在国内较大范围内得到了推广和使用，也取得了很大的成功。但是，两者均没有对教学内容、教学目标以及教学策略等进行全面的改革和信息化。当教育理论和学习理论得到充分发展和利用时，当信息技术在教学中的应用得到更系统、更科学的探讨和细化时，教育领域必然会发生一次重大的变革，促进教学内容、教学目标、教学组织架构的改革，从而完成整个教学的信息化，将信息技术完美地融合到教育的每一个环节，达到教育信息化的更高目标。

1. 教学内容改革

现有的教学内容普遍呈现如下发展趋势：教材的难度增加，知识的抽象性提高，重视基本理论，强调知识的内在联系。信息技术在教学中的应用，给传统教学内容结构带来了强烈的冲击。根据课程改革的内容以及信息化教学的要求，在课程设计上应该重视学科结构的合理性，在教学内容上应注重掌握一般的基本原理。要着眼于能力，特别是思维能力、创造力的培养，而不是现成知识的传授和一般技术的学习。在教学内容设计上，要拓宽基础知识，教学内容要与生产实践相结合，降低学科知识的抽象性，着眼于培养学生解决真实问题的能力。此外，教学内容的表现形式也发生了很大变化，原来的纸质教材发展为光盘与教材相结合，现有教材和电子书的文本性、线性结构形式变为多媒体、超链接结构形式。

教学内容的改革，强调知识的内在联系，学科知识与真实世界相关的内容变得越来越重要，而那些大量脱离实际的抽象知识、简单知识等内容则成为一种冗余和障碍。

2. 教学目标改革

教学内容的一系列改革会对现有的以知识为中心的教学目标产生强烈的冲击，新课程改革要求教学目标包括三个方面，分别是知识与技能、过程与方法、情感态度与价值观。三维教学目标显示，知识与技能不再是教学目标的唯一主体，以过程、方法和情感态度为核心的教学目标与知识、技能目标并重，成为教学目标设计的主体。三维教学目标并不是孤立的三部分，而是一个整体。在三维目标的设计中，应该注重培养学生的以下几项能力。

一是信息处理能力，这一能力意味着学生能有效地获取和筛选信息，组织和分类复杂的数据，并对这些信息进行使用和评价；二是问题解决能力，这强调学生能够独立或与他人协作处理复杂问题，这需要学生具备分析问题、设计解决方案和实施方案的能力，学生能够灵活运用知识和技能，适应不同情境，有效地应对和解决实际生活和学习中遇到的问题；三是批判性思维能力，批判性思维能力使学生能够独立思考，分析和评价信息和观点，学生不仅需要收集和处理信息，还需要评估信息的质量和可靠性，区分事实、意见和偏见；四是与他人合作的能力，与他人合作的能力涵盖了学生在团队环境中的沟通、协作和领导能力，在复杂的社会和职业环境中，学生需要学会与他人有效合作，共同完成任务和解决问题；五是学习能力，学习能力指学生自我驱动、持续学习的能力。在知识不断更新的社会，学生需要不断学习新的知识和技能，以适应变化。尽管这些教学目标在一定程度上受到重视，但从目前的教学来看，教学目标还需要不断地改革。随着信息化教学的深入发展，教学目标的改革将会越来越彻底。

3. 教学组织架构改革

随着教学内容和教学目标的改革，教学组织架构也会发生相应的变革。教学目标强调以真实性问题为学习的核心，这就要求教学必须打破传统的45分钟或50分钟一堂课，学生都坐在教室中听课的时间和空间限制，必须以项目为单位，对学习的时间和空间进行重新设计和规划。在教学的组织形式上，要改变以教师为中心的传统形式，创建新型的、既能发挥教师主导作用又能充分体现学生主体地位的“主导—主体型教学组织形式”。而新型教学组织形式要通过相关的教学模式才能创建，对此，笔者将在第六章详细论述。

第三章　信息化教学的理论基础

信息化教学的实践离不开坚实的理论基础。本章将探索信息化教学背后的学习理论、教学理论、方法论和传播理论，揭示它们与高校信息化教学实践之间的密切关系。

第一节　信息化教学的学习理论基础

学习理论是教育学中的重要理论，它是一种研究人类怎样学习的理论，对信息化教学的发展具有非常重要的指导意义。目前存在多种学习理论，它们各有特点，在具体应用时，应结合不同的情况选择不同的理论作为指导。

一、认知主义学习理论

认知主义学习理论是一种与行为主义学习理论相对立的理论，该理论是在格式塔学派的认知主义学习论的基础上发展起来的，是20世纪50年代中期之后，随着布鲁纳等一批认知心理学家的研究而兴起的。

认知主义学习理论的基本观点有如下几个。

（1）认知主义学习理论强调学习不仅仅是外在刺激和行为反应之间的直接联结，而且是知识的重新组织，即学习是认知结构的重塑。其核心公式是S-AT-R（A代表同化，T代表主体的认知结构）。客体刺激（S）只有被主体同化（A）于认知结构（T）之中，才能引起对刺激的行为反应（R），即学习才能发生。在这个框架下，学习被看作一个内部的、心理的过程，其中学生不是被动的信息接收者，而是主动的信息处理者。他们通过对新信息进行分析、解释和整合，将其融入自己已有的知识体系。这一过程中涉及信息的同化和认知结构的调整，意味着学习不仅仅发生在行为层面，更在认知和心理层面得到体现。

（2）认知主义学习理论认为学习不是一个渐进的、基于尝试和错误的过程，它强调突然的领悟和理解。在这一视角下，学习者在面对新问题和信息时，通过内部的思考和反思，能够突然建立新的知识联系和认知结构。这种顿悟式的学习凸显了人的内在思维能力和解决问题的创造性。

（3）认知主义学习理论将学习视为信息加工过程，人脑好似计算机，人们接收、存储、处理和检索信息，就像计算机执行程序。这一观点鼓励教育者使用计算机模型来解释和理解人的学习行为，推动了教育技术和学习科学的发展。通过模拟人的认知和学习过程，教育者能更好地理解学生的学习需求和挑战，设计出更有效的教学方法和工具。

（4）认知主义学习理论强调学习是依赖智力和理解的过程，而非盲目的尝试。学生需要先掌握一个问题或概念的整体视图，然后才能深入细节和具体知识点。这意味着，如果学生无法从宏观层面理解某个概念或问题，那么他们在细节和具体层面的学习也会受到影响。

（5）认知主义不认为外在强化是学习发生的必要条件。学习可以在没有明显的外界奖励和惩罚的情况下自发产生。这一观点将焦点转向学生的内在动机和自我驱动的学习过程。它强调了学生的主动性、创造性和探索性，指出学习是一个内在驱动、自我调节的过程。

20 世纪 70 年代，认知主义学习理论开始占据主导地位，信息化教学的主要理论支撑也开始由行为主义学习理论向认知主义学习理论转变。在信息化教学的研究中，人们也开始关注学习者的内部心理过程，并开始强调学习者的认知规律，不再单纯地将学习看作由外部刺激引起的适应性反应，而是将学习看作学习者在原有认知结构基础上，对外部刺激所提供的信息主动做出有选择的信息加工过程。

无论是认知主义学习理论，还是行为主义学习理论，都有其合理、科学的一面，但同时也都带有一定的片面性。行为主义学习理论强调外部条件的作用，忽视了人的内在因素；认知主义学习理论强调人的内在认知，弱化了外在条件的作用。

二、建构主义学习理论

建构主义学习理论是在认知加工学说的基础上发展而来的，该理论在近代的代表人物有杜威、皮亚杰等。建构主义学习理论认为，人类是在自己经验的基础上去建构和解释现实的，因为每个人的经验不同，所以每个人对客观世界的理解也自然不同。具体而言，建构主义学习理论的基本观点可归结为如下四点。

（1）学习是学习者主动建构内部心理表征的过程，包括结构性知识以及非结构性的经验背景。在这一过程中，学习者对知识的理解并不是外界输入的，而是其在自身已有经验的基础上，通过与外界的相互作用形成对知识的新的理解和认知。

（2）在建构的过程中，一方面是对新信息意义的建构，另一方面包含对原有经验的改造和重组。建构主义对后一种建构尤为重视。建构主义学习理论认为，学习者在学习过程中不单是发展供日后提取出来用以指导活动的图式或命题网络，他们形成的对概念的理解也是丰富的、有着经验背景的。在面临新的情境时，他们能够灵活地建构起用于指导活动的图式。

（3）由于每个人的经验不同，因此在学习的过程中，每个学习者对知识的理解都可能存在差异，这种差异为学生的合作学习提供了理论基础，因为差异也代表着多元，而通过学生的合作学习，可以使学生看到与自己不同的观点，从而丰富他们的理解和认知。

（4）情境、协作、会话、意义建构是学习环境的四大要素。

①情境：在教师教学中，情境的创设是教学设计中的一项重要内容，而创设的情境需要有利于学生对学习知识的建构。

②协作：在学生建构知识的过程中，要加强学生间的协作。

③会话：包括教师与学生间的会话，以及学生之间的会话。

④意义建构：在学习过程中所要建构的意义是指，帮助学生对当前学习内容反映的事物性质、规律以及事物之间的内在联系达到较深刻的理解，而这种理解在大脑中的长期储存形式就是关于当前所学内容的认知结构。

以建构主义学习理论为支撑，信息化教学过程中应为学习者提供各种学习环境，以此来促进学生对新知识的意义建构。虽然建构主义学习理论强调以学生为中心，重视学生对知识的自主建构，但不能因此否定教师的“教”，教师是学生学习的指导者和组织者，教师的“教”能够促进学生对新知识的意义建构，如果忽视或者否定了教师的作用，将很难达到理想的效果。

三、人本主义学习理论

人本主义心理学是20世纪五六十年代在美国兴起的一种心理学思潮，其主要代表人物和学说是马斯洛的“情意教学过程论”和罗杰斯的“以学生为中心的教学模式论”。人本主义学习理论强调人的自主性、整体性和独特性，认为学习是个人自主发起的、使个人整体投入其中并产生全面变化的活动，学生内在的思维和情感活动十分重要；个人对学习的投入不仅涉及认知方面，还涉及情感、行为和个性等方面；学习不仅会对认知领域产生影响，还会对行为、态度和情感等多方面发生作用。在教学方法上，主张以学生为中心，放手让学生自我选择、自我发现。人本主义学习理论强调人的潜能、个性与创造性的发展，强调自我实现、自我选择和追求健康人格的塑造。人本主义学习理论的基本特点是重视学习的情感因素。

人本主义学习理论的基本观点有如下几点。

（1）人本主义学习理论强调人的价值和尊严。在这一理论中，学生不仅被视为学习者，还被视为独特的个体，他们的感受、想法和需要都受到充分重视。教育不再仅仅关注知识和技能的传递，更关注学生的全面发展，包括他们的情感、态度和价值观。这要求教育者尊重学生的主观性和选择能力，创建一个支持个体自我发展的学习环境。

（2）在人本主义学习理论中，学习被视为自我实现和个人成长的途径。学生被鼓励探索自我、实现潜能，学习不仅是知识的累积，更是自我意识和自我价值的建构过程。教育的目标是帮助学生成为更完整、更自由的人，这要求教育者关注学生的内在动机，支持他们的自我探索和自我表达。

（3）人本主义学习理论认为，学习者是学习的中心和主体。他们有能力也有权利控制自己的学习，教育者的作用是支持和促进，而非控制和指挥。这意味着教育不再是一种上层到下层的知识传递，而是一种共同探索和共同成长的过程。教育者需要尊重学生的自主性，提供足够的自由和选择，让他们参与决策，负责自我学习。

（4）人本主义学习理论还强调人际关系的重要性。在一个支持、尊重和接纳的环境中，学生更容易放开自我、参与学习。这种“接受”的氛围促进了学生的自我表达和自我探索，帮助他们建立自信，发展人际交往的技能。教育者需要与学生建立真诚、开放和平等的人际关系，一起建立一个积极、健康的学习社区。

人本主义学习理论对信息化教学的指导作用体现在重视学生的个体性和自主性。在这一理论的指导下，信息化教学设计更注重适应每个学生的个人需求和兴趣，提供定制化的学习路径和资源。学生在信息丰富、灵活多样的数字环境中，享有更大的自主权，能按照自己的节奏和方式学习。教育者的角色转变为辅导员和协助者，他们利用信息技术帮助学生探索、反思和表达自我，支持学生的全面发展和自我实现。信息技术也被用来建立一个支持、尊重和接纳的学习社区，促进有效的人际互动和合作学习。

第二节　信息化教学的教学理论基础

教学是一种有目的、有计划的，通过教师和学生双向活动来促进学生学习和发展的实践活动。教学理论是研究教学活动规律的理论，对于信息化教学也具有一定的指导意义。本节主要介绍结构—发现教学理论、指导教学理论和教学过程最优化理论。

一、结构—发现教学理论

结构—发现教学理论的产生可以追溯到20世纪60年代，其根源与认知心理学的兴起密切相关。该理论的代表人物是美国教育心理学家杰罗姆·布鲁纳。结构—发现教学理论的主要观点有如下几点。

（一）要学习和掌握学科的基本结构

该观点主张学生不仅要学习学科的知识内容，还要深入探究并掌握其内在的基本结构和核心原理。在这一过程中，学生需要学会如何连接和整合学科的不同知识点，形成一个完整的知识体系。学科的基本结构不仅包括知识和概念，还包括相关的思维技能、解决问题的策略以及实验和实践的方法。学生在掌握这些基本结构的基础上，能够更好地理解、分析和评价新的信息和知识，形成深层次的学科素养。此外，对学科基本结构的深入理解也有助于学生发展元认知技能，使他们能够监控和调整自我学习，提升学习的效果和效率。

信息化教学能够通过动态、互动的数字资源和工具，帮助学生更直观、更深入地理解学科的基本结构。教师可以利用技术实现个性化教学，根据每个学生的学习进度和需求，提供量身定制的学习路径和资源，确保学生在理解和掌握学科基本结构方面得到充分支持。

（二）要组织螺旋式课程

螺旋式课程的设计理念强调，教授核心概念和技能的过程不是一次性的，而是通过不断循环和深化的过程逐步建立和扩展的。每一次学习都是在先前的基础上增加新的层次和维度，使学生有机会从不同的角度和深度探索和理解学科内容。这样的设计帮助学生形成更为坚实和全面的知识结构，避免了表面化和碎片化的学习。螺旋式课程强调知识的连贯性和整体性，通过将新知识与既有知识紧密联系，促进学生认知和技能的综合发展。

在信息化教学的背景下，组织一个好的螺旋式的课程应从三个方面着手。第一，课程内容的编排要系列化。系列化的课程内容编排可以通过数字化课程平台和智能教学管理系统来实现。这些系统能够存储和管理大量教学资源，并通过算法将资源按照逻辑和复杂度进行分类和排序，构建系列化的学习路径。教师和学生可以根据学生的学习进度和需求，灵活选择和调整学习内容和活动，确保学习是有序和连贯的。第二，使学科的知识结构与学生的认知结构相统一。信息化教学提供了多种工具和方法来实现学科知识结构与学生认知结构的统一。例如，通过人工智能（AI）和数据分析，教师可以获得学生的学习数据和分析报告，了解学生的认知水平和学习需求。根据这些信息，教师可以有针对性地调整教学策略和内容，确保学科知识与学生的认知发展阶段相匹配。第三，重视知识的形成过程。信息化教学通过互动和反馈机制，强调知识的形成过程。在线学习平台和应用程序通过实时反馈和互动，使学生和教师能够即时了解学习的进度和效果，及时调整学习策略和方法。学生在这样的学习环境中，能够通过实践和探索，反复修正和优化知识和技能，实现深层次的学习。教师也可以通过技术获取学生的学习数据，进行精确的评估和指导，帮助学生优化知识的形成过程，实现有效和高质量的学习。

（三）广泛使用发现法

发现法是一种以学生为中心的教学方法，它着重于激发学生的好奇心和探索欲，将学习过程转变为一个寻找、探索和发现的过程。在这一教学方法中，学生被引导去积极探索问题、寻找答案，而不仅仅是被动地接受知识。这样的学习过程能够帮助学生构建深层次、有内在联系的知识体系，培养他们的分析、评价和创造能力。发现法也强调学生的自我发展和自我指导能力，学生需要学会如何设定目标、计划学习和评价结果，这不仅有助于知识和技能的获得，还会对他们的元认知能力和自我效能感的发展产生积极影响。

发现法教学的一般步骤如下。第一，设置问题情境。教师需要创建一个具有创造性和启发性的学习环境，使学生能够自我探索和学习。学生通过观察具体事物，带着特定问题进行探讨，启发他们的好奇心和思维。第二，树立假设。学生利用问题讨论、材料改组和经验联系等方式，综合利用已有知识和新信息，提出可行的假设。这一过程可促进学生批判性和分析性思维能力的发展。第三，上升到概念或原理。该阶段要求学生通过实验、讨论和反思，验证和完善假设，形成清晰、准确的概念和原理。在这一阶段，学生的深层次理解和知识整合能力得到进一步发展。第四，转化为活的能力。学生需要将所学的概念和原理应用于实际情境，解决实际问题。这不仅有助于知识和技能的巩固和延伸，还有助于培养学生的创造性和实践能力。整个发现法教学过程注重学生的主动性和创造性，通过具体、有意义的学习活动，帮助学生形成深层次、有内在联系的知识和技能体系。

信息技术为发现法教学提供了广阔的实施空间。教师可以利用虚拟实验、模拟和在线资源等工具，营造一个开放和探索性的学习环境。学生可以在这种环境中自由探索，进行实践和实验，发现和解决问题。

二、指导教学理论

指导教学理论起源于 20 世纪中期，是在行为主义教学理论和认知心理学理论影响下逐渐发展起来的。罗伯特·米尔斯·加涅（Robert Mills Gagne）是指导教学理论的代表人物。这一理论重点关注教学过程中教师对学生学习的指导作用，强调教学活动的组织和管理，以及教学策略和方法的设计和实施。指导教学理论的主要观点有以下三个。

（一）信息加工的学习模式对于理解教学具有重要的意义

这一观点进一步揭示了学生学习的内在过程，提出学习不仅是信息的接收，还涉及信息的处理和内化，强调认知的动态和复杂性。学生在学习过程中需要解码、解释、分析和整合收到的信息，将其转化为内在的、有结构的知识。信息加工的学习模式考虑到学生如何将外部信息与其现有认知结构相整合，通过这一过程形成新的理解和技能。根据这一观点，教师在教学时应为学生提供有利于信息加工的环境和资源，例如清晰、有逻辑的信息表达，以及支持学生认知和元认知技能发展的活动和任务。同时，教师也需要关注学生的认知负荷，确保信息的复杂度和量与学生的处理能力相匹配，避免认知的过度负荷或低负荷，从而实现有效学习。

该观点对于信息化教学的指导作用在于：在教学过程中可以运用多媒体和技术手段呈现丰富、直观的教学内容，帮助学生更有效地进行信息编码、存储和检索，辅助学生在更深层次上掌握和整合知识。

（二）学习是一个不断积累的过程，提出层级学习理论

层级学习理论揭示了学习的渐进和积累本质，认为知识和技能的掌握是建立在前序学习成果基础上的。这一理论认为，每一个学习阶段都是对先前阶段学习内容的扩展和深化，每一层学习内容都为后续学习打下基础，构成一个层层递进、环环相扣的知识体系。

层级学习理论为信息化教学提供了明确的结构和路径。在信息化教学中，教育技术可以被利用来设计个性化的学习路径，符合学生逐层递进的学习需要。教育软件和在线平台能根据学生的学习进度和能力，自动调整教学内容和难度，使得学习更为个人化、适应性更强。教师可以利用数据和分析工具，实时监控学生的学习状态，及时提供反馈和支持，确保学生在每个层级都能够有效学习。此外，丰富的数字资源和互动工具也为学生在不同层级提供丰富、多样的学习机会和体验，帮助他们构建完整、有深度的知识体系。

（三）按照学生个体学习过程的特点采取适当的外部教学措施

这一观点强调要根据每个学生的特点和需要，定制教学策略和措施。教学不应该是“一刀切”的，而应该是多元和灵活的，能够满足不同学生的需求。信息化教学能够收集和分析大量关于学生学习的数据，帮助教师了解每个学生的学习特点和需求。基于这些数据，教师可以设计更具针对性和有效性的教学策略和活动。同时，技术也使得个性化和差异化教学成为可能，每个学生都能根据自己的节奏和兴趣进行学习，获得更好的学习体验和效果。

三、教学过程最优化理论

巴班斯基是一名苏联教育家。20 世纪 60 年代初，巴班斯基创造了克服大量留级现象的先进教学经验。在总结这一经验的基础上，他将系统论的基本原理引入教学论的研究中，于 1972 年写成论文《教学过程最优化——预防学生成绩不良的观点》，提出了最优化教学的理论。

教学过程最优化理论强调对于教学论的研究必须从系统的观点出发，始终着眼于整体与部分、部分与部分、整体与外部环境之间的相互关系、相互作用、相互制约，综合地考察对象。

教学过程最优化是在全面考虑教学规律、原则、现代教学的形式和方法、该教学系统的特征及内外部条件的基础上，为了使过程从既定标准看来发挥最有效的（最优的）作用而组织的控制。具体来说，这一概念的含义包括以下几点。第一，教学过程最优化不仅要求科学地组织教师的劳动，还要求科学地组织学生的学习活动。因此，把“最优化”理解为单指教师的工作是片面的。第二，当谈论最优性时，必须强调这里所说的尽可能最大的效果并非泛泛而谈，而是针对一所学校或一定班级现有的具体条件而说的。因此，教学过程的最优化不是泛泛地谈理想，而是具体条件下的最优化。第三，教学教育过程的最优化并不是一种新的教学形式或教学方法，而是教师工作的一项特殊原则。第四，在使用教学过程最优化的原则组织师生的活动时，不仅要提高它的效率，而且要达到最优的，即对该条件来说是最佳的结果。

根据教学过程最优化理论，可以按下列顺序安排课堂教学：提问→讲解→巩固→检查新知识的掌握情况→复习已学过的知识→概括这些知识并使之系统化。

教学过程最优化的实施办法包括以下几点：综合考虑任务，注意全面发展；深入了解学生，具体落实任务；依据教学大纲，分清内容重点；根据具体情况，选择合理方法；采取合理形式，实行区别教学；确定最优进度，节省师生时间。

教学过程最优化的具体实施程序由以下六个步骤组成：第一，教学任务的具体化。在这一步中，教师需要明确和细化教学目标和任务。这包括识别学生的学习需求，设置具体、可测量的学习目标，以及确定要教授的核心内容和技能。这个步骤确保教学活动有明确的方向和焦点，可以有针对性地满足学生的学习和发展需要。第二，选择一定条件下最优组织教学过程的标准。教师需要确定用于评估和优化教学过程的标准和指标。这可能包括学生的学习成果、参与度、满意度等方面的指标。通过这些标准，教育者可以系统地评估教学效果，识别需要改进和优化的地方。第三，制定一整套该条件下的最优手段。基于前两步的结果，教师将制定适应特定条件和目标的教学策略和方法。这涵盖了课程设计、教学方法、评估工具等方面，确保教学活动高效地达成预定的学习目标。第四，尽可能改善教学条件，以实施选定的教学方案。在这一步，教师会着手改进和优化教学环境和条件，以支持选定的教学方案的实施。这可能包括调整课堂布局、引入新的教学技术和工具，或者提供额外的学习资源和支持。第五，实施规定的教学计划。在这一步，教师需要密切关注学生的学习进展和反馈，以便进行适时的调整和优化，确保教学活动能够有效地推进。第六，根据选择的最优化标准，分析教学过程的结果。完成教学后，教师要进行详细分析和评估。通过收集的数据和信息，教育者应评估教学过程是否达到了预定的标准和目标，识别教学的强项和弱项，为未来的教学提供改进和优化的方向和建议。

教学过程最优化不是具体的教学方法或教学手段，而是一种教学的方法论和教学策略。将其运用于教学实践，可在不同程度上提高教学质量，花费最少的时间和精力，取得最佳的教学效果。它只作为一种教学上的优选法，不一定是最理想的，其结果应根据具体的条件和实际的可能性来评价。因此，最优化的概念是相对的，并非固定的模式或标准，每个教师都可致力于自己的最优化。

第三节 信息化教学的方法论基础

一、视听教育理论

1946 年，美国教育技术专家埃德加·戴尔（Edger Dale）在他的《视听教学法》一书中，阐述了录音、广播等视听教学手段怎样运用于教学中，以及会产生怎样的教学效果等一系列问题，总结出一系列视听教学方法，提出了相关的教学理论，这就是视听教育理论。由于戴尔把人类获取知识的各种途径和方法概括为一个“经验之塔”来系统描述，因此人们又将这一理论称为“经验之塔”理论。

（一）“经验之塔”理论的基本思想

根据“经验之塔”理论，人类学习的经验可分为“做”的经验、“观察”的经验和“抽象”的经验三大类，并按抽象程度分为十个层次，如图 3-1 所示。

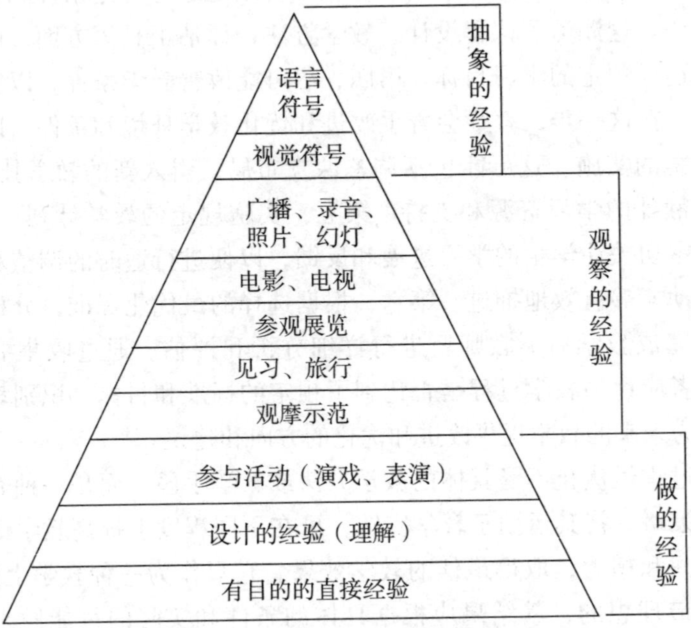

图 3-1　经验之塔的层次

1.“做”的经验

“做”的经验包括以下三个层次。

一是有目的的直接经验。有目的的直接经验在经验之塔中处于底层。这种经验是指学习者直接与真实世界互动，通过视觉、听觉、味觉、嗅觉和动作等多种感官接触和感知真实事物所获得的经验。每个人通过亲身的触摸、操作和探索，获得丰富、直观和具体的知识和信息。这种直接经验的获取不仅有助于学习者深入理解和记忆信息，也促进了对概念、原则和规律的掌握和应用。因此，有目的的直接经验被认为是最本质、最直观的学习经验，为学习者提供了坚实、丰富的学习基础。

二是设计的经验。设计的经验描述的是学习者通过与经过特定设计和改编的真实事物互动，从而获得的学习经验。虽然这些改编的模型或实物在大小、复杂程度上与原物有所不同，但它们为学习者提供了更易于理解和掌握的学习材料。例如，通过制作和操作模型，学习者可以更清晰、更具体地理解原物的结构、功能和工作原理。这种设计的经验，通过简化和优化，使学习者能更有效、更深入地学习和掌握知识与技能。

三是参与活动。戴尔的经验之塔中第三层的经验是通过参与活动获得的。学习者在这一层中不再是被动的接受者或观察者，而是变成了积极的参与者。通过参与演戏、表演和其他实践活动，学习者能亲身体验和感受，从而获得更深层次的情感、观念和知识的理解。这种通过实际参与和体验获得的学习经验，能帮助学习者更全面、更深入地掌握和应用知识，也有助于培养学习者的实践能力、创造力和问题解决能力。

2.“观察”的经验

“观察”的经验包括以下五个层次。

一是观摩示范。观摩示范层面的经验是通过观察别人的操作和表现来学习的。学生能直观地看到一个过程或技能是怎么实施的，从而获得模仿和实践的基础。这种学习经验帮助学生更快地理解和掌握具体技能和知识，也能激发他们的学习兴趣和动力。

二是见习、旅行。见习和旅行为学生提供了一个更广阔的学习场域。他们有机会亲自观察和接触到课堂以外的真实世界，看到各种实际的事物和情景，从而获得更丰富、更多元的学习经验和知识。

三是参观展览。参观展览让学生有机会观察到大量和多样的展品和资料。这不仅能拓宽学生的知识视野，也能帮助他们从不同的角度和层面理解和探索知识，促进思维的发展和创造力的培养。

四是电影、电视。电影和电视作为视听媒体，为学生提供了丰富、生动的学习材料。学生可以通过观看影片，获得更直观、更具体的学习经验和知识。这虽然是一种替代经验，但能有效地帮助学生理解、掌握和应用知识。

五是广播、录音、照片、幻灯。这些媒体提供的学习经验更加抽象。它们虽然缺乏电影和电视的动感和视觉映像，但仍能有效地传递信息和知识。学生通过听和看，可以获取大量的视听刺激，从而促进知识的吸收和学习能力的发展。

3.“抽象”的经验

“抽象”的经验包括以下两个层次。

一是视觉符号。视觉符号是一种通过图形、图像、模型图等抽象符号传递信息和知识的方式。这些符号虽然简化和抽象，但能有效地表达和传递复杂的概念和信息。学生通过观察和解读这些视觉符号，可以更快、更直观地理解和掌握知识，也能培养抽象思维和逻辑分析能力。

二是语言符号。语言符号更进一步地抽象化，它包括口头语言和书面语言，是表达和传递信息、知识和思想的重要手段。通过语言，学生可以深入地理解、探讨和表达复杂的概念、理论和问题。语言符号不仅是知识传递的工具，还是思维、沟通和学习的基础，对学生的认知发展和学习能力有着重要的影响。

（二）“经验之塔”理论要点

（1）塔的底层的经验最具体，学习时最容易理解，也便于记忆；越往上越抽象，越易获得概念，便于应用。各种教学活动可以依其经验的具体 / 抽象程度，排成一个序列。

（2）教学活动应从具体经验入手，逐步进入抽象经验。一开始，让学生通过直接接触和操作实物，观察和体验具体情境，获得直观和具体的学习经验。随后，逐渐引导学生探索和理解更抽象和复杂的概念和理论。

（3）在学校教学中利用视听媒体，可以使教学活动更具体、生动和多元。学生可以通过多种媒体体验丰富多彩的学习内容，获得更直观和形象的学习经验。同时，视听媒体也为学生提供了探索抽象概念和理论的途径和工具，有助于知识的深入理解和应用。

（4）“经验之塔”中层（观察的经验的五个层次）的视听教材和视听经验在教学中具有独特的价值。它们比上层的语言和视觉符号具体、形象，又能突破时间和空间的限制，弥补下层各种直接经验方式之不足。

“经验之塔”理论所阐述的是经验抽象程度的关系，符合人们认识事物由具体到抽象、由感性到理性、由个别到一般的认识规律。[①] 位于塔的中部的广播、录音、照片、幻灯、电影、电视是作为做的经验与抽象经验之间的视听媒体，既能为学生学习提供必要的感性材料，使其容易理解，容易记忆，又便于借助解说或教师的提示、概括、总结，从具体的画面上升到抽象的概念、定理，形成规律，是有效的学习手段。因此，“经验之塔”理论不仅是视听教育理论的基础，还是信息化教学的重要理论之一。

---

① 张有录 . 大学现代教育技术教程 [M]. 北京：中国铁道出版社，2009：43.

二、系统科学理论

系统是指由相互联系、相互作用的要素组成的，具有一定结构和功能的有机整体。系统科学打破了人们孤立研究某一事物的思维定式，将某一事物放到一个系统中，通过对系统的分析去揭示各组分的关系，寻求各组分间的联系，从而在对系统的分析中实现对该事物更加全面的认知。系统科学理论对诸多领域都产生了巨大的影响，也在一定程度上促进了信息化教学发展。因此，对系统科学理论的研究必不可少。

（一）系统科学的基本理论

系统科学的基本理论主要包括控制论、信息论和系统论。

1. 控制论

控制论是关于各种系统中的控制和调节的一般规律的科学。在教育领域中，控制论所形成的理论称为教育控制论，该理论是以信息流为主要传输形式，以提高教学效率为控制目标的系统理论，其研究的是教育系统中运用信息反馈来控制可调节系统的行为，从而提高教学效率，实现教学目标。在整个环节中，信息反馈是关键，通过信息反馈，教师可以了解教育系统运行的情况，然后结合教育系统运行情况进行有效的调节，从而使教学设计能够做到有的放矢，进而提高教学效率。

2. 信息论

信息论是研究系统中信息的计量、传递、变换、存储和使用规律的科学，其在教育领域应用而形成的理论称为教育信息论。在教育中，教育信息的传递、变换和反馈至关重要，教育信息论研究的便是这一问题。现代教育技术作为教育信息传递、变换和反馈中的一个重要工具，发挥着非常重要的作用，教育信息论为信息化教学提供了积极的指导意义。

3. 系统论

系统论是从系统角度研究事物变化、发展规律的一门学科，去思考教育教学的过程和现象，并运用系统的方法去解决教育教学过程中出现的问题。从系统论的角度出发，教育教学是一个系统，该系统包括教师、学生、教学内容、教学媒体等，各要素之间是相互影响的。因此，在教育教学中，教育的优化不能仅仅从某个要素出发，而是需要从整个系统进行考虑，协调好各要素之间的关系，从而共同推动教育质量的提高。

（二）系统科学的基本原理

系统科学理论可以归纳为三个基本原理，即整体原理、反馈原理和有序原理，这三个原理构成了一个比较完整的理论体系。

1. 整体原理

任何系统只有通过相互联系形成整体结构才能够发挥整体的功能，因为系统中各要素之间是相互联系、相互作用的，如果忽视了这种关联性，导致整体联系和整体结构缺失，那么系统功能的发挥自然会受到影响。教育系统同样要遵循整体原理，重视对教学整体的分析，并综合考虑教学系统中的各个要素，使各要素之间相互配合、协调，从而使教育系统平稳运行，整体功能得到充分的发挥。

2. 反馈原理

任何系统缺乏了有效的反馈，都会影响其功能的发挥。所谓反馈，就是指将一定信息传递给某些对象后产生的结果再输送回来，并对信息的再输入产生影响的一个过程。从信息的输入，到信息的输出，再反馈到信息的输入，这形成了一个闭合的回路，如图 3–2 所示。如果缺乏了反馈这一过程，上述回路便无法闭合，也无法实现对教育系统的有效控制，这会导致教育系统失去保持动态平衡和自适应的特征。因此，在教育系统中，信息反馈是不可或缺的。

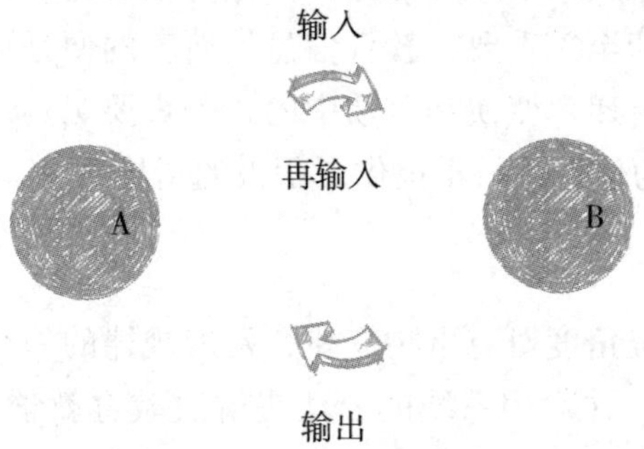

图 3–2　信息反馈的闭合回路

3. 有序原理

有序意味着系统组织程度的提高，在任何一个系统中，各要素或各子系统之间都需要按照一定的顺序和层次进行排列。在教育系统中，有序原理重视各内部元素之间，以及内部元素和外部元素关系的协调，以便使信息交换处于有序状态中。教育系统应该是一个开放的系统，要能从教学系统以外的其他社会系统中获得有益的信息，并用于内部系统的调整和优化，从而使教育系统从无序走向有序。

（三）系统方法

系统科学方法简称为系统方法，是按照事物本身的系统性将对象放在系统的形式中加以考察的方法的总和。系统方法强调系统的整体性分析，即从对教育系统的整体分析中（包括对各要素之间关系的分析）发现系统的规律性，从而寻求解决问题的一般步骤、程序和方法。

系统方法的步骤如下：

（1）分析需求，确定问题。

（2）根据问题制订解决问题的可能方案。

（3）从几个可能方案中选择解决问题的策略。

（4）对策略展开具体的实施。

（5）明确策略实施的效率。

（6）根据策略实施的效率，确定是否有必要对系统进行修正，如有必要，加以修正。

系统方法为认识、调控、改造、创造复杂的系统提供了有效的指导，为制订系统最佳方案提供了新的思维模式，这使得其在教育系统中的应用非常广泛，对于信息化教学也发挥着积极的作用。

第四节 信息化教学的传播理论基础

传播理论产生于20世纪40年代，该理论主要用于研究人类的传播行为。从某种意义上来说，人类的教学活动也是一种传播活动，并且这个传播活动有其内在的规律性。与大众传播相比，虽然教育传播有其独特性，但两者也有诸多的共通之处，所以传播理论同样可以作为信息化教学的一个重要理论基础。

一、传播理论概述

（一）传播的概念

传播最开始为传达、通信、联系之义，后来专指信息的交流和交换。进一步地说，传播就是指传播者依靠一定的媒体或形式将信息传递给接受者，以达到信息交流和信息共享的目的。该概念的界定可从如下三个方面去理解。

（1）传播是传播者和接受者传递、接受、反馈信息的一个行为或过程。

（2）传播是信息交流或信息共享的一个互动的过程。

（3）传播是建立和改变人们的认知结构，影响与调节各自行为的过程。

（二）传播的类型

传播的类型很多，主要包括人际传播、组织传播、大众传播和教育传播四种类型。

1. 人际传播

人际传播是最基本的传播形式，它发生在个体与个体之间，涵盖日常生活中的直接交流和互动。在人际传播中，信息是在个人间直接交换的，可以是面对面的对话，也可以是通过电话或数字通信工具的远程交流。人际传播具有高度的互动性和个性化特点，传播者和接收者能够即时反馈，信息的编码和解码过程非常灵活多变。这种传播方式能够建立深厚的人际关系，促进信任和理解的形成。

2. 组织传播

组织传播涉及在特定组织结构和文化背景下的信息交流和传递。在组织中，传播常常是有目的、有计划的，受到组织的规则、流程和文化的影响和制约。组织传播包括组织内部成员以及不同组织之间的信息、知识的传递和分享。

组织传播的目的主要有两个：第一，在组织内部，通过有效的沟通和信息传递，组织成员能够更好地了解彼此的想法、需求和期望，建立和维持良好的人际关系。这不仅有助于减少误解和冲突，还能够促进团队协作和创新。组织内部传播也会在明确工作职责、指导员工行为以及激发员工潜能等方面产生积极影响。第二，在全球化、网络化的背景下，不同的组织需要相互协作和学习，共同解决复杂、跨界的问题和挑战。通过有效的组织间传播，不仅可以建立和维护合作关系，还可以促进知识和创新的交流，提升组织的竞争力和适应性。

3. 大众传播

大众传播是通过各种媒体和渠道向广泛的受众传递信息的过程。在这种传播方式中，信息从一个或多个源头经过媒体的编码和传输，广泛地传播到大众受众中。大众传播具有广泛的覆盖面、快速的传播速度和高效的影响力。在教育领域，大众传播被用来传播教育信息、知识和价值，对广大公众的认知、态度和行为产生影响。

4. 教育传播

教育传播专注于教学和学习过程中的信息传递和知识分享。这涵盖了教师向学生传授知识、技能和态度的过程，也包括学生之间、学生与教材之间以及学生与教育技术工具之间的互动和交流。教育传播关注如何更有效地设计、实施和评估教学活动，以促进学生的学习和发展。在现代教育中，教育传播越来越依赖于技术和媒体，通过各种创新的教学策略和工具，使教育更个性化、多元化和动态化。教育传播的研究和实践有助于提升教学质量和学生的学习成效，推动教育的创新和进步。

与上述几种传播模式相比，教育传播具有如下几个特点。

（1）对教育传播的内容有着严格的规定。

（2）教育传播的受众比较特殊。

（3）传播媒体多样，既可以采取口头传播的形式，又可以利用板书、多媒体等媒介。

（三）传播的模式

传播是一个复杂的过程，在研究传播过程的时候，研究者都会将传播过程分解为若干个要素，然后研究这些要素间的相互关系和相互作用，因此形成了多种传播模式。在此简要介绍其中的两种。

1. 拉斯韦尔直线式传播模式

拉斯韦尔直线式传播模式是由美国政治学家拉斯韦尔在 1948 年提出的，

该模式说明了传播过程中的五个要素：传播者、信息、媒介、受者、效果，如图 3-3 所示。

图 3-3　拉斯韦尔直线式传播模式

拉斯韦尔直线式传播模式在大众传播中有着非常广泛的应用，但这一模式也存在很多的不足之处，主要表现在两个方面。

（1）它属于一种单向的模式，忽略了“反馈”这一要素的重要性。

（2）它对“为什么”或动机的研究问题不够重视。

在信息化教学中，拉斯韦尔直线式传播模式的指导作用在于发挥教育者和受教育者的主动性与积极性，选择与教育内容相适应的教育媒体，并借助这些教育媒体将教育内容传递给受教育者。

2. 奥斯古德 – 施拉姆传播理论模式

与拉斯韦尔直线式传播模式相比，奥斯古德 – 施拉姆传播理论模式对“反馈”这一要素非常重视，并揭示了教学中师生互动的关系及其重要性，如图 3-4 所示。

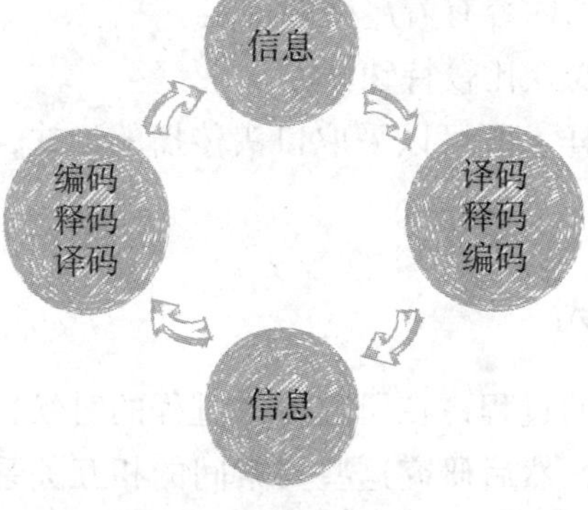

图 3-4　奥斯古德 – 施拉姆传播理论模式

由图 3-4 可知，教师和学生既是信息转换的编码者，也是信息转换的释码者和译码者；既是信息的传递者，也是信息的接受者。在互动的过程中，教师和学生不断从对方身上得到信息的反馈，然后根据反馈的信息做出调整，直到该阶段的学习结束。

二、教育传播的方式与过程

（一）教育传播的方式

依据教育传播中传播者和接受者的关系结构，可将教育传播的方式分为自学传播、个别传播、课堂传播和远程传播四种。

1. 自学传播

自学传播没有专职教师的当面传授，学习者可以通过阅读书籍、查找在线资源、观看视频教程等方式获取知识和技能。自学传播能够满足不同学习者的个性化和多样化学习需求，提升学习的灵活性和便利性，但也要求学习者具备较强的自我驱动和自我调控能力。

2. 个别传播

个别传播是一种传播者和接收者单独面授的教育传播方式，这也是一种从古代一直沿用至今的教育传播方式。个别传播的目标明确，比如教会一种技术、讲清楚一个原理等，所以效果通常比较显著。

3. 课堂传播

课堂传播是指一个教师面向多个学生进行教学，这是最常见的教育传播方式，能够实现知识和信息的批量传递。教师通过讲解、示范、互动等方式，帮助学生学习和掌握知识与技能。课堂传播能够建立统一的学习环境和氛围，促进学生之间的交流和互动，但也面临着如何满足不同学生个性化学习需求的问题。

4. 远程传播

远程传播是一种非面对面的教育传播方式，如电视教学、网络教学等，学习者和教师可以通过在线平台进行实时或非实时的交流和学习，突破了时间和空间的限制。远程传播能够提供更加灵活和多样的学习资源和方法，满足不同学习者的需求。这种教育传播方式是随着现代通信技术的发展而逐渐兴起的，在网络信息技术愈加发达的今天，远程传播也愈加普及。

（二）教育传播的过程

教育传播的过程就是教育者借助各种媒体向受教育者传递教育信息的过程，这一过程大致可分为六个阶段：确定教育信息、选择传播媒体、通道传送、接收与解释、评价与反馈、调整再传送，如图 3-5 所示。

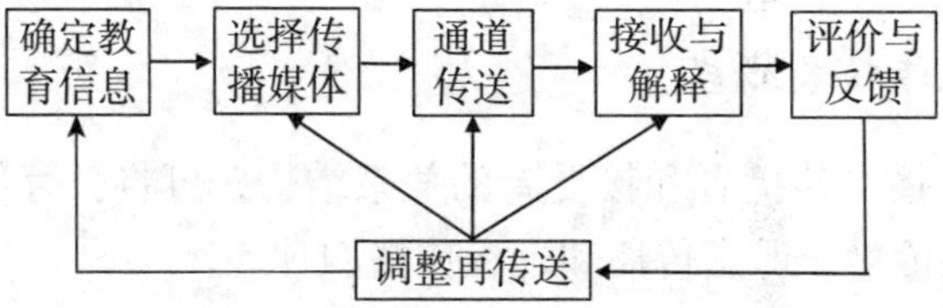

图 3-5　教育传播的过程

1. 确定教育信息

确定教育信息是教育传播的第一步。一般来说，教学大纲的编写与教材的编订都属于确定教育信息的环节，而对于教师来说，则需要依据教学大纲和教材进一步确定教育信息。

2. 选择传播媒体

面对不同的教育信息，需要选择不同传播媒体去呈现。在选择传播媒体时，通常需要考虑四点：第一，能否准确地呈现教育信息；第二，是否符合学生的知识与经验水平；第三，媒体是否容易获得；第四，是否能够取得较好的传播效果。

3. 通道传送

在通道传送中，有两个问题需要考虑：一是信息传播的距离。比如在课堂中，传播的距离较短；而在远程传播中，传播的距离很远，这就需要结合教育信息传播的距离选择适宜的通道。二是教育信息传播的顺序。无论是在课堂教学传播中，还是在远程教学传播中，都需要明确信息传播的先后顺序。

4. 接收与解释

受教育者通过视觉、听觉等感官接收教育信息，然后依据自身的经验与知识，对教育信息进行解释（译码），最后将其储存到大脑中。

5. 评价与反馈

教育者针对受教育者的学习情况进行评价，评价的类型很多，如诊断性评价、总结性评价、形成性评价等，将这些评价反馈给受教育者，让受教育者了解自身的学习情况。

6. 调整再传送

通过掌握的反馈信息与预定的教学目标之间的比较，可以发现教育传播过程中的不足，再次调整教育信息、教育传播媒体和教育传播通道，进行再次传播。

第四章 信息技术与高校课程的整合

在教育信息化快速发展的背景下，信息技术与高校课程的整合成为推动高校教育创新的关键。本章将详细探索信息技术与高校课程整合的概念、方法、原则和实现机制，并着重分析高校教师在此过程中的角色定位与能力要求。

第一节 信息技术与高校课程整合的概念

一、课程

课程有狭义和广义之分。狭义的课程是指各级各类学校为了实现培养目标而开设的学科及其目的、内容、范围、活动、进程等的总和，主要体现在教学计划、教学大纲和教科书中。广义的课程是指在学校所获得的全部经验，包括学科设置、教学活动、课外活动以及学校的环境。所以，课程是指学校的学生所应学习的学科总和及其进程和安排。

二、信息技术

信息技术是指用于获取、存储、处理、传递、接收和使用信息的科学技术和工程技术的总和。信息技术涵盖了计算机科学、网络技术、软件工程、数据分析等多个子领域。在现代社会，信息技术不仅推动了科技、商业、媒体和娱乐等多个行业的快速发展，而且正在深刻地改变我们的日常生活和学习方式。在教育领域，信息技术的应用能够提升教学质量，同时，个性化学习、虚拟实验、在线课程等新型教学模式也因为信息技术的发展而得以实现。

三、信息技术与课程整合

在系统科学思维的方法论中，“整合”表示由两个或两个以上较小部分的事物、现象、过程、物质属性、关系、信息、能量等在符合具体客观规律或一定条件的前提下，凝聚成较大整体的过程及结果。教育界通常引用“整合”一词来表示综合、渗透、重组、互补、凝聚等含义，而不是简单的叠加。目前，国内关于信息技术与课程整合的说法与定义有很多。综观这些观点可以发现，产生分歧的主要原因是对“课程”概念的理解不同。目前，信息技术与课程整合的定义可以分为“大整合论”和“小整合论”两种。

“大整合论”将“课程”理解为一个较大的概念，涵盖了课程内容、教学方法、学习资源、评估方式等方面。这种观点主要是将信息技术融入课程整体，改变课程内容和结构，变革整个课程体系。“大整合论”有两种主流说法。一种说法认为，信息技术与课程整合的目标是通过基于信息技术的课程研制，创立一个全新的信息化课程文化。在这个过程中，教育领域中信息技术与学科课程的割裂和对立被明确提出并寻求解决。整合不仅体现出技术和内容的融合，更表现为一种互动性双向整合的过程。它促进了师生民主合作的课程与教学组织方式，强调以人的学习为本的教学理念，最终旨在构建一个整合型的信息化课程新形态。这种整合视野宽广，不仅包括技术与内容的融合，更关注教育生态的全面演变和学习者的深度参与。另一种说法认为，信息技术与课程整合实质上是指信息技术与课程的各个层面和维度的有机融合，包括课程结构、课程内容、课程资源以及课程实施等方面。在这一过程中，信息技术不仅被视作一个教学工具或者媒介，更被看作一种驱动力，能推动课程在内容、形式、资源、评估等多个维度上的创新和优化。这种整合着眼于具体的教育实践和课程实施，力图让信息技术成为课程变革和教学创新的重要推动力。两种“大整合论”说法虽然侧重点不同，但都强调了信息技术对课程整体的深刻影响。第一种更关注信息化课程文化的构建和教学生态的全面演进；第二种则着重于信息技术在具体课程层面的有机融合和推动作用。总的来说，“大整合论”的观点有助于从课程整体的角度去思考信息技术的地位和作用。

“小整合论”将课程直接与教学等同起来，关注的是信息技术在具体的教学活动中的应用。在“小整合论”的框架内，信息技术被视作一种工具、媒介和方法，其核心目标是优化教学过程，提升学习效果和改善学习体验。这一观点的核心特点是实用性和操作性。它专注于将信息技术融入教学的各个层面，包括教学准备、课堂教学过程和教学评价等，着力解决教学实践中的具体问题，满足学生和教师的实际需求。在这个过程中，信息技术被视为提升教学效率和质量的有力工具，能够帮助教师更好地设计和实施教学，帮助学生更有效地学习和掌握知识、技能。“小整合论”体现了一种从底层和微观角度出发的整合思维。它并不强调信息技术对整个课程体系和结构的影响，而是关注信息技术在具体教学活动中的应用和效果。这一观点往往受到一线教师和教研人员的欢迎，因为它直接回应了教学实践中的实际问题和挑战，并提供了切实可行的解决方案和路径。“小整合论”虽然在视野和深度上可能没有“大整合论”宏大和深远，但具有很高的实用价值和操作性。它可以帮助教育者和学者关注教学实践的具体情境和问题，探索和实验信息技术在教学中的具体应用和实现路径，推动教育技术和教学方法的创新和发展。

第二节　信息技术与高校课程整合的原则、方法与实现机制

一、信息技术与高校课程整合的原则

信息技术与高校课程整合旨在将信息技术有机融入已有的课程（或其他学科）学习活动中，以更有效地引导学生达到课程目标。这一整合并非简单地混合，而是要求教师在应用信息技术之前，深刻理解信息技术的优势和不足，以及课程教学的需求，有针对性地确定信息技术的应用领域，以提高学习效果，并使学生完成那些使用传统方法难以实现或效果不佳的任务。对于学生而言，信息技术则成为一种终身受益的学习工具和技能提升的认知工具。在整合信息技术与高校课程时，应遵循以下原则，如图 4–1 所示。

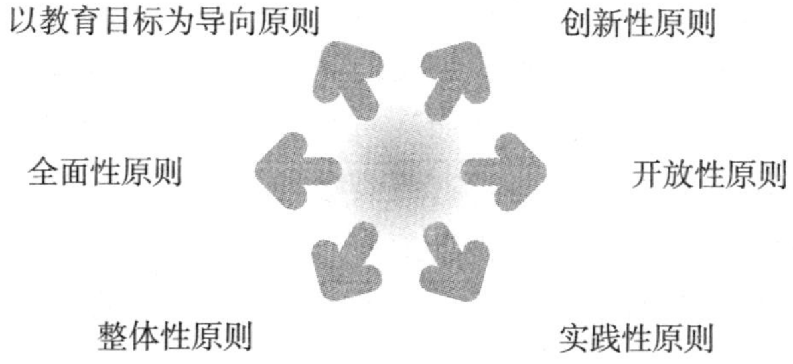

图 4-1　信息技术与高校课程整合的原则

（一）以教育目标为导向原则

以教育目标为导向原则强调在信息技术与高校课程整合的过程中，必须始终将教育和学习目标置于核心位置。这意味着任何技术的引入和应用都应是为了实现明确的、预设的教育目标，而非仅仅为了使用技术本身。在实践中，教育目标的明确性和明晰性是评估技术整合有效性的关键标准。技术应用的所有方面，无论是工具选择、教学方法设计还是学习资源的配置，都需要与既定的教育目标紧密相连，确保每一步都服务于学生的学习和发展。在具体操作中，每一项技术的引入都应经过严格的评估和审查，确定其是否有助于实现教育目标，是否能够增强学习效果，提升学生的知识技能和核心能力，而非为技术本身所吸引，导致偏离了教育的本质目标。为此，教育者需要有清晰的目标意识，对技术和教育目标之间的关系有深刻理解，避免陷入技术决定论的误区。此外，需要定期检视技术应用的实际效果，分析其对教育目标实现的贡献，据此调整和优化技术整合的策略和方案。随着技术的进步和教育目标的调整，技术与课程的整合也需要不断更新，确保其始终符合教育的根本需求，推动学生全面、持续地学习和成长。

（二）全面性原则

全面性原则强调必须充分考虑所有学生和教师的需求，以确保教育目标的全面实现。在同一个教学班中，存在各种不同层次的学生，因此在设计教学时应根据不同的教育对象，明确不同的创新教育目标、学习目标和要求。这意味着教育者需要为每位学生设定适合其实际情况的教育目标，确保每位学生都能够在学习过程中取得实际收益。不同层次的学生可能需要不同的教学方法、资源和评估方式，以满足其学习需求。全面性原则鼓励教育者采用灵活的方法，以确保所有学生都能够实现其潜力，并在教育过程中获得满足感。在信息技术与课程整合中，全面性原则的实施有助于创造更具包容性和多样性的学习环境，使每位学生都有机会参与。根据学生的不同需求和程度设定不同的教育目标，可以最大限度地促进知识的传授和技能的培养，为学生提供更有价值的教育体验。因此，在整合信息技术与课程时全面性原则应被认真考虑和贯彻。

（三）整体性原则

整体性原则强调对课程结构进行全面的改革，改变过于强调学科本位、科目过多以及缺乏整合的现状。具体来说，这一原则要求教育者重新构建课程结构，以更好地满足学生的综合性需求。首先，整体性原则鼓励剔除那些陈旧和烦琐的课程内容，减轻课程负担，使学生能够更好地专注于学习核心知识和技能。同时，要增加那些具有培养学生终身学习能力、反映科学技术发展新成果以及与现代社会生活相关的内容。这有助于使课程更具现实意义和实用性，使学生能够更好地应对社会和职业挑战。其次，整体性原则要求在整体设置课程体系时，要保持各种课程类型、具体科目和课程内容的合适比例。这意味着不仅要关注学科知识的传授，还要关注学生的全面发展。课程设计应该更注重培养学生的创新能力、批判性思维、沟通能力和团队协作能力，以满足现代社会对综合素质的需求。最后，整体性原则将学生的全面发展置于课程设计的中心位置。这意味着课程应该更加注重培养学生的终身学习能力，使他们能够适应不断变化的社会和职业环境。整体性原则在信息技术与课程整合中的应用有助于创造更具包容性、实用性和灵活性的教育环境，为学生提供更丰富和有价值的学习体验。因此，整体性原则应该在整合信息技术与课程时得到充分体现。

（四）实践性原则

实践性原则强调学习过程中的实际参与和体验，鼓励学生积极主动地探求知识和解决实际问题的方法。第一，实践性原则倡导改变传统的以教师为中心的教学模式，确保教与学、学习内容与现实生活之间的紧密联系，从而培养具备综合素质的学生，使他们能够适应现代社会的发展需求。第二，实践性原则注重深入生活、体验生活。学生不再仅仅是被动地接受知识，而是积极参与到实际生活中，通过亲身经历和实践来构建对客观事物的认知。这有助于激发学生的好奇心和求知欲望，使他们更加热衷于学习和探求新知识。第三，实践性原则鼓励学生主动解决实际问题。教学不再是单纯的知识传授，而是注重培养学生的问题解决能力和创新思维。学生在实际问题中积极思考、尝试解决方案，从而提高了他们的综合素质和应对挑战的能力。实践性原则也对教师提出了挑战。教师的角色转变为指导者和引导者，在学习过程中留给学生更多的自由发展空间。教师的角色不再局限于知识的传授，还包括引导学生进行实践性学习，帮助他们深入理解知识。

（五）开放性原则

开放性原则在信息技术与高校课程整合中推动了个性化学习、创造性表现和协同工作的开展。它为教育提供了更多的可能性，使学生能够更好地适应现代社会的需求。因此，在整合信息技术与课程时，开放性原则应被积极采纳和实践。开放性原则要求课程目标具有开放性。这意味着课程的目标应当适应不同学生的需求和能力水平，鼓励每个学生在学习过程中发展自己的个性。信息技术提供了多样的工具和资源，使教师可以更好地满足不同学生的需求，从而实现个性化的学习目标。开放性原则强调课程内容的开放性。课程内容应该关注学生在实际活动中的学习体验和个性化创造性表现。这种开放性的内容设计可以激发学生的兴趣，使他们更加积极地参与学习，同时也允许他们以不同的方式来探索和理解知识。最重要的是，开放性原则鼓励学生合作学习和协同工作。在现代社会中，协同工作的能力越来越重要，信息技术提供了协同工作的理想平台。学生可以共同解决问题、讨论观点，并在合作中完成任务。这不仅有助于培养学生的团队合作精神，还有助于他们从不同角度思考和学习。

（六）创新性原则

创新性原则强调高校应该鼓励跨学科整合，将不同学科的知识融合在一起，以培养学生的综合能力。这一原则能够为学生提供更丰富、更全面的教育体验，具体来说：第一，跨学科整合有助于打破学科之间的界限，促进学科间的互动和交流。当不同学科的知识和观点交汇时，学生将更容易理解问题的多个方面，培养综合思考和解决问题的能力。例如，生态学和社会学之间的整合可能有助于探讨环境问题与社会影响之间的复杂关系。第二，跨学科整合反映了现实世界的复杂性。在职场和生活中，问题往往不是单一学科所能解决的，而需要多学科的知识和技能。通过跨学科学习，学生可以更好地应对未来挑战，提高职业竞争力。第三，跨学科整合可以激发创新和创造力。不同学科的交叉汇聚可以产生新的思维方式和解决问题的方法，培养学生的创新思维。例如，将艺术与科学整合可能会鼓励学生探索科技与艺术的结合，创造出令人惊叹的新产品或概念。

创新性原则强调的跨学科整合有助于培养具备广泛知识和综合能力的学生，使他们更好地适应现实世界的需求，并在不同领域中取得成功。这是教育领域在整合信息技术时应该积极追求的目标。

二、信息技术与高校课程整合的方法

（一）以先进的教育理念为指导

信息技术与高校课程的整合必须以先进的教育理论为指导。信息技术与课程整合的过程绝不仅是现代信息技术手段的运用过程，也是教育深化改革的过程。没有理论指导的实践是盲目的实践，改革必将失去正确的方向。以建构主义理论为例，建构主义理论并不能解决教学中的所有疑难问题，但建构主义所强调的“以学为主”、学生主要通过自主建构获取知识意义的教育思想和教学观念，对于多年来我国各类高校运用的以教师为中心的传统教学结构造成极大的冲击。除此以外，还因为建构主义的学习理论与教学理论以及建构主义学习环境下的教学设计方法，可以为信息技术环境下的教学，也就是信息技术与各学科课程的整合提供强有力的理论支撑。

（二）建设丰富、优质的教学资源

丰富、优质的教学资源是信息技术与高校课程整合不可或缺的要素，它促进学生自主学习，激发自我发现和探索的热情。如果缺乏优质的教学资源，新型教学模式的构建和创新人才的培养将面临巨大挑战。教师应积极搜集和整理互联网上的教学资源，如免费的教学软件等，将这些工具和内容融入课程中，以丰富教学手段，拓宽学生的学习视野。只有在无法找到符合学习主题的现有资源时，教师才需要考虑自我开发，定制教学资源。通过这种方式，不仅能充分利用现有资源，还能确保教学内容的多样性和质量，为学生创造更广阔的学习空间和无限的可能性。

（三）以建立新型的教学模式为中心

建立新型教学模式在信息技术与高校课程整合中是至关重要的，因为当代学生正在进入一个信息化、全球化的世界，他们需要具备更广泛的技能和知识来应对未来不断变化的挑战。传统的教学模式往往侧重于知识的传授，而新型教学模式则鼓励学生主动探索、创新和批判性思考。通过信息技术，教师可以为学生提供更加丰富和多样的学习资源、交互式学习体验和个性化学习路径。这不仅有助于提高学生的学习兴趣和动力，还能培养他们的自主学习和问题解决能力。在这种模式下，教育将更加灵活、适应性更强，能更好地满足不同学生的个性化需求，为他们未来的职业生涯和生活赋能。

（四）注重结合学科特点

在信息技术与高校课程整合的过程中，注重结合学科特点是至关重要的一点。每个学科都有其独特的内容、方法和逻辑，整合信息技术时必须充分考虑这些特点，以确保技术应用的针对性和有效性。例如，自然科学侧重实验和观察，可以通过虚拟实验室、模拟软件等技术手段增强学生的实践和探究能力；而人文社会科学，则可以利用数字化资源、在线讨论等方式，提高学生的阅读和思辨能力。在这个过程中，教师需要具备一定的信息素养和教育创新意识，根据学科特色和学生需求，选择和设计最合适的技术应用场景，使信息技术成为推动学科教学创新和提升学生学习效果的有力工具。这样的整合，能确保信息技术不仅技术性地应用于教学中，更能实现与学科教学内容和方法的有机结合，推动高校教学质量和效果的全面提升。

三、信息技术与高校课程整合的实现机制

（一）教学环境是整合的保障机制

教学环境作为信息技术与高校课程整合的保障机制，起着基础且关键的作用。一个优质的教学环境不仅包含先进的技术设备和资源，还涵盖适宜的物理和心理环境，以促进有效的学习和教学活动。在信息技术整合中，教学环境应能够支持和适应各种新型教学方法和工具的应用，提供充足的技术支持和资源访问，保证教师和学生能够无障碍地使用信息技术进行教学和学习。同时，教学环境还应注重创造一个开放、灵活和多元的氛围，使学生能

够在一个积极且富有创造性的环境中学习，激发他们的兴趣和潜能。此外，教学环境的建设还需考虑未来的可持续性和拓展性，能够适应教育和技术的不断发展和变化。

（二）教师能力是整合的实施机制

在信息技术和课程整合的过程中，教师的素质和能力也是决定整合效果的关键因素之一。教师需要具备适应时代发展的信息技术能力，以及与之相匹配的教育观念、教学能力等，以确保信息技术能够与课程内容、教学方法和学生需求有机整合。

第三节　信息技术与课程整合中高校教师角色定位与能力要求

一、信息技术与课程整合中高校教师的角色定位

教师的角色转换和重新定位是信息技术与课程整合的关键。教师只有积极适应这一发展变化，不断提高自己的能力和知识，才能真正实现信息化教学的目标，为学生提供更好的学习体验，获得更高的教学质量。信息技术与课程整合中高校教师的角色定位如图 4-2 所示。

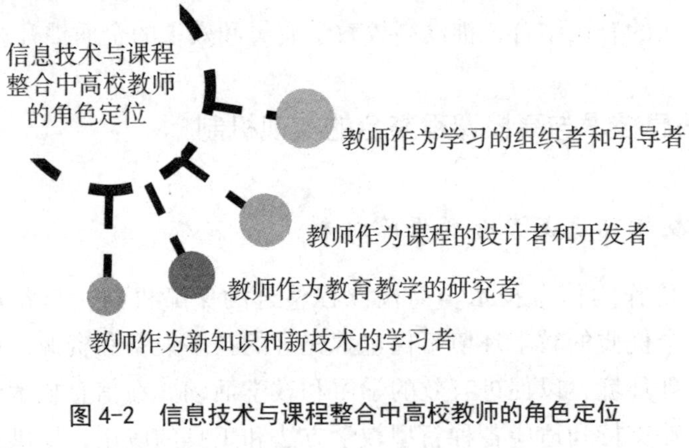

图 4-2　信息技术与课程整合中高校教师的角色定位

（一）教师作为学习的组织者和引导者

在信息技术与课程整合构成的教学环境中，教师作为学生学习征程中的引导者，必须改变其信息的传播者或知识体系的呈现者的角色，其主要职责应从“教”学生转变为“导”学生，主要体现在以下三个方面。

1. 作为学习的指导者

在信息化教学环境下，虽然学生可以访问丰富的学习资源和工具，但也面临一些挑战和问题，需要教师的专业指导和引导。

学生面临的挑战有以下几点：一是信息超载，互联网上的信息量庞大，学生可能不知道从何处开始，如何筛选和评估信息的可信度和质量。二是自主学习困难，信息化教学环境下学生需要具备自主学习的能力，但不是每个学生都具备足够的自律性和学习策略，因此需要教师的指导。三是技术障碍，一些学生可能对新的技术工具和平台感到陌生，需要教师提供技术支持和培训。四是缺乏方向，学生可能不清楚如何设置学习目标、计划学习过程和评估学习成果，需要教师的指导和建议。

面对这些情况，作为学习的指导者，教师需要做到以下几点：第一，信息过滤和评估。教师可以帮助学生开发信息筛选和评估的技能，教导他们如何辨别可信的来源和有效的资源。第二，设定学习目标。教师可以与学生一起讨论和设定明确的学习目标，帮助学生明白他们为什么要学习特定的内容，以及如何与他们的职业目标相关。第三，提供学习策略。教师可以分享学习策略，例如时间管理、笔记技巧和问题解决方法，以帮助学生更有效地学习。第四，提供技术支持。教师应提供技术支持，解答学生在使用学习工具和平台方面的问题，确保他们充分利用这些工具。第五，进行个性化指导。教师可以根据学生的个性化需求提供个性化的指导，了解每个学生的学习风格和弱点，并提供相应的建议。第六，鼓励合作学习。教师可以鼓励学生在信息化环境中合作学习，互相分享经验和资源，从中获得互补的知识和技能。通过合适的指导，能够确保学生有效利用信息化教学环境，实现更高质量的学习成果。

2. 作为知识获取的促进者

学习是一种知识获取的过程，而知识不仅仅是通过教师的传授获取，它是学习者在特定的社会文化背景下，借助他人以及必要的学习资源，通过自己的努力来获得的。因此，在信息技术与课程整合的学习环境中，教师的作用将不再是仅限于将精心组织的知识内容清晰地传授或呈现出来，而是要鼓励学生自主探索、理解和应用知识。第一，教师应该激发学生的学习兴趣。教师可以通过使用多媒体、虚拟实验室和互动教材等信息技术工具，创造引人入胜的学习情境，吸引学生的关注，激发他们的好奇心。这有助于学生更积极地参与知识获取过程。第二，教师应该帮助学生建立知识之间的联系。教师可以提供提示和线索，帮助学生将当前学习内容与他们已经知道的知识相关联。这有助于学生更好地理解和记忆新知识，使学习更有深度和意义。此外，教师可以鼓励协作学习。通过组织讨论和交流，教师可以促使学生互相分享思考和观点，共同探讨问题。这有助于学生通过合作获得新的见解和理解，加强对知识的掌握。最重要的是，教师应该提出引导性的问题，引发学生的思考和探索。他们可以引导学生自己去发现规律，纠正错误，并在学习过程中培养批判性思维能力。这种引导性的教学方法有助于学生主动参与知识获取，从而更深入地理解和掌握所学内容。

3. 作为学生的学术顾问

在新的学习环境下，协作学习和个别化学习并存，学生的学习需求各异。教师作为学术顾问，需要提供宏观的引导和帮助，以满足学生的个性化需求。教师作为学生学术顾问的关键职责包括以下几点：第一，教师需要帮助学生确定他们为完成学业所需学习的知识和技能。这包括评估学生的起点水平，了解他们的学习目标和兴趣，以便制订个性化的学习计划。教师可以提供建议，指导学生选择适合他们的课程和学习材料。第二，教师可以协助学生制订有效的学习计划。这包括帮助学生安排学习时间、制定目标和策略，以确保他们能够高效地完成学业。教师还可以提供学术技巧和方法，以提高学生的学习效果。第三，教师可以引导学生进行学术研究。这包括指导学生如何查找和评估学术资源，如何进行文献综述和研究设计，以及如何撰写学术论文和报告。教师的专业知识和经验对学生的研究工作具有重要的指导作用。第四，教师应定期检查和评价学生的学习情况。这包括跟踪学生的进展，提供反馈和建议，确保学生在学术上取得成功。教师可以与学生合作制定目标，共同努力实现这些目标。

教师作为组织者和引导者，要面向全体学生，了解和研究每一个学生的需要及其发展的可能性，注重个别指导，尽可能满足学生的不同需求。

（二）教师作为课程的设计者和开发者

教师作为课程的设计者和开发者，需要从课程开发活动的外围逐渐走向参与，以课程开发者的姿态承担课程开发的权责，转变消极的课程实施者的角色。首先，教师需要重新确定基于新技能和技巧的课程体系。信息技术的快速发展意味着学生需要掌握数字素养、信息管理和创新技能等新领域的知识和技能。教师应该审视课程内容，确保它们与现实世界的需求相符，并根据新的技术趋势不断更新课程。其次，教师需要重新组织课程的教学形式和策略。信息技术与课程整合为教学提供了丰富的工具和资源，可以实现更多的互动、个性化和合作学习。教师应该思考如何充分利用这些技术来激发学生的兴趣，提高他们的参与度，并提供更有深度的学习体验。最后，教师需要不断评价和完善新的课程体系。教师作为课程的设计者和开发者需要保持敏感，随时更新和改进课程。他们应该不断评估课程的效果，倾听学生的反馈，了解最新的教育趋势，并根据需要进行课程修订。这样可以确保课程保持与时俱进，满足学生的需求，提供高质量的教育。

（三）教师作为教育教学的研究者

教师不仅是知识传授者，还应成为教育领域的研究者。借助先进的媒体传播技术，教师能够有时间和精力从事教育科研。这有助于提高教学实践的质量，深入了解专业领域，并实现从传统的“教书匠”角色向更具研究精神的“研究型教师”的转变，使他们成为真正的教育专家。

教师作为研究者的关键职责包括以下几点。第一，教师需要研究现代信息技术环境下学生学习的特点和规律。信息技术已经改变了学习方式和学生的学术需求，因此教师应该深入研究这些变化，以更好地满足学生的需求。他们可以研究学生在数字化学习环境中的学习行为，了解他们对在线资源和工具的使用方式，以便调整课程设计和教学方法。第二，教师可以进行教学实验，研究不同的学习情境对学生学习产生的影响。利用先进的媒体传播技术，教师可以创建多样化的学习场景，研究哪些方式能够最有效地促进学生的学术成长。这种实验性的研究有助于发现最佳的教学策略和方法。第三，教师还可以研究如何利用新技术提高学生的高层次思维和问题解决能力。他们可以探索如何设计挑战性的任务和项目，以鼓励学生运用所学知识解决实际问题。这有助于培养学生的创新能力和批判性思维。第四，教师应该研究如何利用最佳的信息呈现方式，突破课程中的重点和难点。他们可以探索多媒体资源、虚拟实验和互动性工具的有效应用，以加深学生对复杂概念的理解和记忆。

（四）教师作为新知识和新技术的学习者

当前社会正处于知识爆炸和科技飞速发展的时代，这使得教育领域的教师不仅仅是知识的传播者，更是知识和技术的引领者和应用者。作为知识象征的教师，必须具备强大的自我发展和自我完善的能力，以适应这个充满挑战和机遇的新时代。

首先，知识和技术的发展速度之快前所未有，新知识层出不穷，新技术也层出不穷。教师必须时刻保持警醒，积极主动地接受新知识和新技术。这要求教师具备不断学习的意愿和能力，不断扩展自己的知识领域，以便为学生提供最新的信息和技能。其次，教育领域也在不断发展，教育理论和教学方法在不断革新。教师需要持续更新自己的教育观念，不断探索更有效的教学策略和方法。这意味着他们必须积极参与教育研究，了解最新的教育趋势和实践，将其运用到课堂教学中，以提高教学质量和学生的学术成绩。再次，教师还需要不断充实自己的知识，以适应不断变化的社会和科技环境。新兴领域如人工智能、虚拟现实、大数据等正在改变人们的生活和工作方式，教师需要主动了解这些领域的知识，以便将其融入课程设计和教学中，为学生提供更多的机会和资源。最后，教育是一项永无止境的事业，教师需要不断提升自己，以跟上时代的变化。这不仅有助于他们更好地履行教育使命，也为学生树立了终身学习的榜样。教师的积极自我发展和学习态度将激励学生也积极参与自己的学习过程，共同构建一个学习化的社会。

二、信息技术与课程整合背景下高校教师应具备的能力和素养

在信息技术与课程整合构建的教学环境中，教师角色的转变引发了教师应具备的能力结构的变化。在传统的课堂教学中，通常认为教师需要具备教学认知能力、教学操作能力、教学监控能力和教育探索能力等基本能力。然而，在信息技术与课程整合的教学过程中，传统的教师能力结构已显现出一定的局限性，不能满足新技术对教师教学的新要求。为了适应这一角色转变，更好地扮演各种新角色，信息时代的教师需要具备以下几项能力：教学

能力、教育能力、组织管理能力、教育研究能力、终身学习能力，如图 4-3 所示。

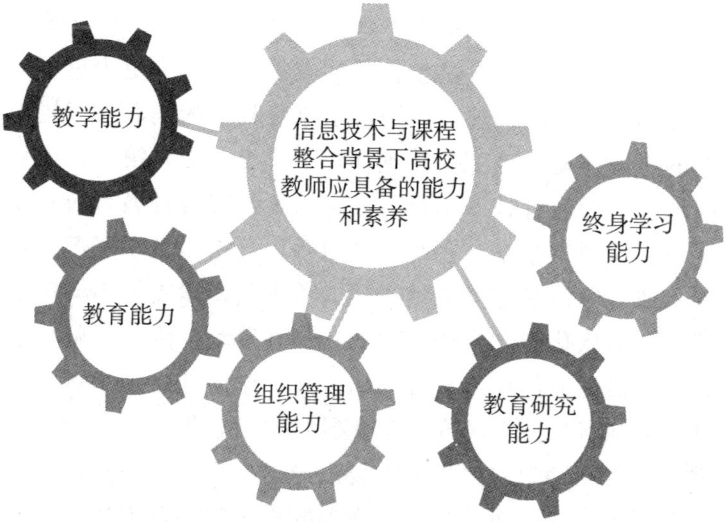

图 4-3　信息技术与课程整合背景下高校教师应具备的能力

（一）教学能力

教学是教师专业活动的中心，教师教学任务的完成、学生培养目标的实现都是通过教学这一途径，所以教学能力是教师能力的核心。从教学过程的角度出发，教师应具备的教学能力包括教学准备能力、教学实施能力和教学评价能力三种。

1. 教学准备能力

教学准备是为教学实施做的一些准备活动，包括制订课程规划、研究教材、教学资源筛选等。为了达到良好的教学效果，教师在上课前都需要花费一定的时间和精力认真地做好各种教学准备工作。首先，教师需要制定明确的教学目标，确保课程内容与学生的需求和学习目标相匹配。其次，他们必须选择合适的教材和教学资源，以支持课程的教学目标。其中包括选用教科书、多媒体材料、在线资源等。在信息技术与课程整合的背景下，教师还需要评估和选择合适的教育科技工具，以增强教学效果。最后，教师应制订详细的课程计划，包括教学活动、任务分配、时间安排等，以确保教学过程有序进行。

2. 教学实施能力

教学实施能力是指教师在课堂上开展具体教学活动的能力，包括激发学生学习兴趣的能力、教学举例能力、教学设疑能力、教学应变能力等。在信息技术与课程整合的背景下，高校教师的教学实施能力更为重要。教师不仅需要掌握传统的教学技巧，还需要适应信息化教学的要求，以提供更具创新性和互动性的学习体验，这主要体现在以下三个方面。第一，信息化教学要求教师能够熟练运用教育技术工具。教师需要掌握各种教育科技工具，包括在线学习平台、虚拟实验室、多媒体教材等，以丰富教学资源，提供多样化的学习体验。他们应该能够灵活地运用这些工具，以支持不同教学目标和学生需求。第二，信息化教学强调学生的参与和互动，因此教师需要激发学生的学习兴趣和积极性。他们应该采用启发式教学方法，提出挑战性问题，引导学生主动探究和解决问题。在信息化教学中，学生可以通过在线讨论、协作项目等方式进行互动学习，教师需要引导学生积极参与这些学习活动，促进深层次的学习和知识共建。第三，教师的教学实施能力还体现在灵活应对教学情境。信息化教学环境中，教学可能随时发生变化，教师需要具备应变和调整教学策略的能力。他们应该根据学生的反馈和需求，及时调整教学计划，以提供更有针对性的教育。同时，教师还需要关注学生的个性化学习需求，为每个学生提供适合其水平和兴趣的学习体验。

3. 教学评价能力

教学评价是指教师对学生的学习效果的评价，即学生的学习评价。在信息技术与课程整合的背景下，高校教师的教学评价能力具有重要意义，它不仅有助于了解学生的学习情况，还可以指导教学的改进和优化。为此，教师需要具备以下能力。第一，借助技术工具收集和分析学生的学习数据。这包括学生在线测验中的表现、参与讨论的贡献、作业完成情况等方面的数据。教师需要有效地分析这些数据，识别学生的强项和弱点，以便更好地满足他们的学习需求。第二，教师应掌握多样化的评价方法。信息化教学提供了多种评价工具和途径，包括在线测验、作业提交、互动讨论等。教师需要了解并熟练运用这些工具，以便选择适当的评价方法来评估学生的知识水平和能力。此外，教师还应考虑个性化评价的需求，尊重学生的多样性，为每个学生提供有针对性的反馈和建议。第三，将评价作为教学改进的反馈机制。教学是一个不断发展和改进的过程，教师应将评价结果用于调整课程设计、教学方法和教材选择。这样可以不断提高教育质量，确保学生获得更好的学习体验和成果。

（二）教育能力

与教学能力相比，教育能力的内涵更加丰富，在信息技术与课程整合背景下，高校教师应具备多方面的教育能力，以更好地应对教育的多样性和复杂性，主要包括了解学生的能力、评价学生的能力、教师“身教”的能力。

1. 了解学生的能力

高校教师应具备深入了解学生的能力，这有助于个性化教学的实施，根据不同学生的需求和特点调整教学策略和内容。通过信息技术，教师可以收集学生的学习数据，从而更全面地了解他们的学术表现和学习进展。

第一，要了解学生的学习风格。不同学生有不同的学习偏好和方式，有些学生可能更喜欢视觉化的学习，而另一些学生可能更适应听觉或动手实践的方式。了解学生的学习风格有助于教师调整教学策略，以提供更符合他们偏好的教学体验。通过信息技术，教师可以使用在线问卷调查、学习分析工具等来获取学生的学习风格数据，从而进行有针对性的教学设计。

第二，了解学生的兴趣爱好。学生在不同的学科领域可能有不同的兴趣，教师可以通过与学生的交流和互动来发现他们的兴趣点。将课程内容与学生的兴趣相结合可以增加学生的学习动力和参与度。信息技术可以提供在线调查、讨论平台和社交媒体等工具，帮助教师更好地了解学生的兴趣爱好。

第三，了解学生的背景知识。不同学生在某一学科领域的知识水平可能存在差异，教师需要了解学生的先前知识，以便在教学中设置合适的难度和深度。信息技术可以通过在线测试、作业提交和学术表现数据来帮助教师评估学生的背景知识。

2. 评价学生的能力

在信息化教学背景下，评价学生不仅仅限于对学生学术能力的评估，还包括对学生综合素养的全面评价，包括德、智、体、美、劳等多个方面。教师在评价学生时，应特别注意以下两个方面：

（1）评价必须公正客观。信息技术提供了更多的数据和工具，教师需要更加精确和全面地评价学生的表现。以下是如何做到评价公正客观的一些建议。①制定明确的评价标准。在评价学生之前，教师应制定评价标准，确保评价的标准是客观、公平且具体的。这包括学习目标、评价指标、评价方法等方面的明确定义。通过明确的标准，教师可以更容易地进行客观评价，避免主观偏见的影响。②采用多样化的评价方法。信息技术为教师提供了多种评价工具和方法，包括在线测验、作业提交、学习分析工具等。教师可以充分利用这些工具，结合传统的考试、项目评估以及课堂观察等方法，综合考查学生的表现。多样化的评价方法可以更全面地了解学生的能力和进展。③评价过程要透明和公开。教师应该让学生了解评价的标准和过程，确保评价过程是透明和公开的。这可以通过在课程大纲中明确评价要求，提供评分标准的解释，以及定期与学生讨论他们的表现来实现。透明和公开的评价过程有助于建立信任，减少学生对评价的不满和争议。

（2）评价应具有一定的激励性。激励性评价有助于激发学生的学习动力，促使他们更积极地参与学习活动，提高学习效果。具体来说，激励性评价具有以下几点作用。首先，激励性评价有助于培养学生的自信心和自尊心。学生感受到他们的努力和成就被认可和肯定时，会更有信心去迎接新的学习挑战。这种积极的心态会促使他们更勤奋地学习，更愿意尝试解决难题，因为他们知道即使失败也会受到鼓励和支持。其次，激励性评价可以帮助学生建立目标和追求卓越。学生知道他们的努力和进步会被看重后，更容易设定高标准的学习目标，并为实现这些目标而努力奋斗。这可以帮助学生养成自我激励的习惯，培养他们的毅力。此外，激励性评价也有助于提高学生的学习兴趣和参与度。学生感到学习是有趣、有意义时，更愿意主动参与课堂讨论，积极提问，并积极探索新知识。这种积极的学习态度可以促进深层次的学习，而不仅仅是应付考试。最后，激励性评价可以帮助学生发展自我评价和自我调整的能力。当接受建设性的反馈和指导时，他们更容易识别自己的弱点并采取措施来改进。这有助于学生不断提高自己的学术和综合素养，实现个人成长和发展。

在信息化教学背景下，教师可以通过以下几种方式对学生进行激励性评价。第一，个性化评价。利用信息技术收集和分析学生的学习数据，对每个学生的学习方式、进度和能力进行个性化分析，从而给予具有针对性的反馈和建议。这样的评价能够满足学生的个人需求，增强他们的自信和动力。第二，动态评价。信息技术使教师能够实时跟踪学生的学习状态，评价不再是期末一次性进行，而是一个持续的过程。动态评价能够让学生看到自己的成长和进步，增强学习的积极性和主动性。第三，制定奖励机制。通过信息化平台，教师可以设置各种奖励机制，如积分、勋章、证书等，用以认可和奖励学生的努力和成就，增强学生学习的动力和兴趣。

3. 教师“身教”的能力

“身教”意味着教师通过自身的行为、态度和价值观向学生传递教育信息，成为学生学习和成长的榜样。在这一能力要求下，教师应该尊重知识产权，遵循学术诚信，这不仅是对自我要求，也是对学生的教育和引导。在日常教学中，教师要展现出积极、开放、合作的态度，用自身的实际行动传递给学生良好的价值观和人生态度，培养学生的批判性思维和创新能力。

（三）组织管理能力

在教学活动中，教师既是教育者，又是组织者，所以组织管理能力也是教师不可缺少的专业能力之一。对教师来说，组织管理能力一般包括三个方面：组织管理课堂教学的能力、组织管理学生小组活动的能力、组织管理学生社会实践的能力。

1. 组织管理课堂教学的能力

在信息技术与课程整合的背景下，教师教学已经从传统的灌输式转变为师生互动式，学生能够充分地参与到教学活动中，但为了避免课堂混乱，保证教学活动顺利地进行，教师应始终把控着教学的进度，有效地分配教学时间。例如，在让学生针对某个问题进行讨论的时候，学生可能会因为讨论过于激烈，忘记了讨论的时间，这时教师就需要引导学生，然后让学生有序地发表讨论的结果。

2. 组织管理学生小组活动的能力

学生小组活动是信息技术与课程整合背景中常见的一种教学组织形式，可以在课堂中组织，也可以在课外组织。组织学生小组活动有助于综合能力的发展，如合作意识、探究能力、解决问题的能力等。在学生小组活动中，教师的组织也不可或缺，具体应做到如下几点。

（1）小组活动要有计划性。在信息技术与课程整合背景下，计划性成为组织学生小组活动的首要条件。教师需要利用信息技术提前规划和设计小组活动，确保活动的目标、内容和过程都清晰明确。通过数字化工具，教师可以轻松管理活动的进度和资源，制定时间表和任务清单，并根据学生的反馈和表现实时调整活动计划。计划性确保了小组活动的目标导向和效率，帮助学生在有限的时间内达成学习目标，发挥他们的最大潜能。

（2）小组活动要丰富多彩。信息技术的应用也使得学生小组活动变得更加丰富多彩。教师可以利用各种在线资源和平台，为学生提供不同主题和形式的小组活动。交互式的数字化工具和媒体能够丰富活动的内容和表现形式，增加学生的参与和兴趣。教师也可以根据学生的兴趣和需求，定制个性化的活动内容和任务，激发学生的学习动力和创造力。丰富多彩的小组活动不仅能够培养学生的综合能力，也能提升他们的学习体验和满足感。

（3）小组活动要充分发挥学生主观能动性。在信息技术的支持下，学生的主观能动性成为小组活动的核心。教师需要营造一个开放、灵活的学习环境，鼓励学生主动参与和贡献。信息技术提供了丰富的协作和分享工具，帮助学生更有效地交流和合作，发挥他们的主观能动性。教师的作用转变为指导和辅助，他们需要监控和支持学生的学习过程，提供必要的帮助和反馈，确保小组活动的质量和效果。通过充分发挥学生的主观能动性，小组活动能够实现学生的自我导向和自我发展，促进他们的综合能力和素质的提升。

3. 组织管理学生社会实践的能力

社会实践，是学生在教师指导下，以社会成员身份进入实际的社会情境中，直接参与并亲历各种社会生活和社会活动领域，开展各种力所能及的服务性、公益性、体验性的活动，以获取关于社会的直接经验、发展社会实践能力、增强社会责任感为主旨的实践活动。[①] 社会是一个大课堂，在这个大课堂中，学生可以学习到很多在课堂中学习不到的知识，所以除教学之外，教师应定期组织一些社会实践，让学生通过社会实践获得更加全面的发展。

（1）实践活动设计与策划。在信息技术与课程整合的背景下，高校教师在组织管理学生社会实践方面需要具备精细、创新的活动设计与策划能力。教师应能利用信息技术对实践活动进行详细规划，包括目标设定、实践内容选择、过程管理等，确保学生在实践中达到预定的学习与发展目标。信息技术的利用可以使这一过程更加高效、灵活，能够快速调整和优化实践活动方案以适应不断变化的条件和需求。

① 王健．综合实践活动建构与行动 [M]. 广州：广东高等教育出版社，2017：77.

（2）实时监控与反馈。高校教师还需要具备利用信息技术进行实时监控和反馈的能力。在学生进行社会实践活动的过程中，教师可以通过各类信息工具对学生的行为、学习状态和实践成果进行实时跟踪和监控。及时的反馈和指导不仅能帮助学生纠正错误、优化实践方案，还能激发他们的学习兴趣和动力，使他们在实践中取得更好的成绩和发展。

（3）数据分析与评价。信息技术也为教师提供了强大的数据分析与评价工具。在学生社会实践过程中，教师可以收集大量关于学生表现和实践成果的数据。通过对这些数据的分析和评价，教师不仅可以深入了解学生的学习和发展状态，还能根据分析结果调整和优化实践活动的设计和管理，使其更好地服务于学生的个人发展和学习目标的实现。

（四）教育研究能力

教师的教育研究能力是指教师从事与教育教学有关的各种课题的实验、研究的能力。依据教育研究涉及的内容，教师的教育研究能力主要包括选题的能力、收集整理教育研究资料的能力、教改实验的能力以及撰写论文的能力。

1. 选题的能力

选题是教师在教育领域展开研究的起点，是指根据教学实践和教育发展的需求，精心选择研究课题或实验项目的过程。正确选题是体现教师选题能力的重要方面。笔者认为一个合适的选题需要满足三个关键要求：可行性、实践性和创新性。

（1）选题的可行性。选题的可行性是确保研究成功进行的关键因素。可行性需要在主观和客观方面进行充分考虑。从主观条件来看，教师需要评估自己的知识水平、技能、兴趣爱好以及时间和精力的限制。如果选题与教师的背景和资源不符，可能会导致研究难以进行。同时，客观条件也很重要，包括研究所需的经费、设备、数据等的支持。如果这些条件不具备，选题再好也难以实施。因此，教师在选择选题时，要充分考虑这些主客观条件，确保选题在可行性上是可靠的。

（2）选题的实践性。教育研究的最终目标是改善教学实践。因此，选题应该直接关联到教育领域中的实际问题和需求。教师应该关注当前或未来的教学挑战，以便通过研究探索解决方案并指导实际教学。虽然理论性研究也有其价值，但它们必须最终应用到实际教育中。因此，在选题时，应确保选题具有实践性，能够为教育实践提供有益的见解和指导。

（3）选题的创新性。创新性是研究的灵魂。教师在选题时应努力寻找那些尚未被充分研究或有待改进的领域。创新性选题可以体现在两个方面：第一，选题可以涉及尚未进行过研究的全新领域，这种开拓性的探索有助于推动教育领域的发展。第二，即使有人已经进行了相关研究，教师仍然可以通过提供新的视角、方法或对先前研究的补充来展现创新性。这种创新性有助于丰富现有研究成果，为教育领域带来新的认识和见解。

2. 收集整理教育研究资料的能力

在信息技术与课程整合的背景下，教育研究的范围和深度得以扩展，因此教师需要更加高效地收集和整理教育研究资料，以支持其研究工作。收集整理教育研究资料的能力包括以下几点重要方面。

（1）多渠道收集资料。在信息化时代，教师可以利用互联网等多种渠道搜集教育研究资料。这包括学术数据库、在线图书馆、教育网站、社交媒体等。通过广泛的信息获取渠道，教师能够获取不同来源的研究资料，从而更全面地了解相关领域的最新进展和观点。

（2）实时数据采集。在教育研究中，有些数据可能需要实时采集，例如学生的学习表现数据或在线教学过程中的反馈数据。教师需要利用信息技术工具，如在线调查问卷、学习管理系统等，实时收集和记录这些数据，以支持研究的实施。

（3）数字化存储和管理。教师应当熟练掌握数字化存储和管理教育研究资料的技能。这包括建立电子文档、整理和编码数据、使用云存储服务等。数字化管理使得研究资料更易于检索和共享，提高了工作效率。

（4）使用数据分析工具。针对大规模数据的分析，教师应当掌握相关的数据分析工具和技术，如统计软件、数据可视化工具等。这有助于从大量的研究资料中提取有用的信息和见解。

（5）文献综述技能。教师应当具备文献综述的能力，能够系统性地整理和分析相关文献，以建立研究背景和理论基础。这对于确保研究的准确性和科学性至关重要。

3. 教改实验的能力

教改实验是指教师根据他们的研究课题，在教学实验中应用研究设想。

在具体操作中，教师可以根据实际情况对教学实验进行灵活的调整，包括时间安排、教学方法等方面的调整。教改实验尽管是在实际的教学环境中进行的，但并不与常规教学完全相同，因此需要教师在准备方面考虑以下三个关键要点。

（1）明确实验目标。在进行教改实验之前，教师需要明确实验的目标和期望结果。这些目标应该与他们的研究课题紧密相关，并且能够量化和评估。明确的目标有助于指导实验的设计和评估，并确保实验的方向与研究设想一致。

（2）实验过程的控制与应对。为确保教改实验的结果具备准确性和科学性，教师需要精细地把控整个实验过程。虽然在实验中存在一些不可控的因素，但教师需要具备对这些因素的灵活应对能力。这包括对实验中可能出现的突发事件进行记录和详细分析，将其作为一个因素纳入实验过程考量。需要指出的是，与实际教学相似，教改实验中也会存在不可控因素，这些因素的出现反而有助于提高实验的真实性。只要教师能够全面把握实验，对这些因素进行仔细分析，它们就可以成为宝贵的数据来源，有助于更深入地了解实验的影响因素和结果。

（3）实验的总结与验收。在一轮实验结束后，教师必须进行全面的总结与验收工作。这个过程包括对实验成果的详细总结，以提供数据依据，同时也包括对实验过程中所获得的经验的反思，为下一轮实验提供借鉴。在教育研究领域，通常有两种常见的总结与验收方式。一种是以表格的形式，将各项内容系统列出以提供清晰的概览；另一种则是通过文字描述，以简明扼要的语言反映实验中观察到的规律性认识。

4. 撰写论文的能力

撰写论文在教育研究中具有重要意义，它指的是教师将其教育研究成果和经验以文字形式详细总结，然后向广大读者公开。教育研究是推动教育领域进步的重要途径，一旦教师发表论文，其研究成果将能够为其他教育从业者提供参考和启发，进而促进教育领域的发展。撰写教育论文是学术论文的一部分，它对教师的能力提出了较高要求，具体而言，撰写教育论文包括以下三项能力。

（1）聚焦定题能力。论文题目是整篇论文的核心，是吸引读者关注的窗口。教师在选择论文题目时，需要紧密围绕自己的教育研究方向，确保题目简明扼要地传达研究的中心内容。一个清晰、明确的论文题目有助于读者迅速理解研究的重点，这要求教师具备聚焦定题的能力，将研究问题凝练成有力的题目，以引导读者深入阅读。

（2）组织结构的能力。论文的结构是构建整个论文框架的基础，决定了论文的逻辑性和易读性。教师需要合理架构论文结构，确保不同部分之间有明确的逻辑关系。教育研究论文的常见结构包括引言、文献综述、研究方法、研究过程、研究结果和结论等部分。选择合适的结构取决于研究的性质和内容，因此教师应具备组织结构的能力，以确保论文具备清晰的逻辑结构。

（3）铺开论述的能力。在论文的具体论述阶段，教师需要展开详尽的分析和讨论，以支持论文的主题和目标。这包括清晰的逻辑思维、深入的分析、理论与实践的结合，以及明确的结论。教师应该用简明的语言表达自己的观点，并用支持性的证据和数据来支持论文的论点。这要求教师具备铺开论述的能力，能够将研究成果清晰地传达给读者，使他们能够理解研究的重要性和贡献。

（五）终身学习能力

教育领域一直在发生变革，新的技术和教学理念不断涌现。在这个背景下，教师的终身学习能力显得尤为重要。终身学习能力意味着教师能主动更新自己的知识和能力，不断学习新知识以适应社会的发展变化，确保自身的职业素养满足社会的要求。具体来说，教师的终身学习能力包括树立终身学习观念、自我评估能力、职业发展规划能力以及在职学习能力等。

第一，树立终身学习观念是教师终身学习能力的重要组成部分。终身学习观念意味着教师认识到学习不仅仅是一项工作要求，更是一种持续的生活方式。教师应视学习为一种乐趣和机会，不断寻找新的知识和技能，积极迎接变化和挑战。这种观念能够激励教师不断提高自己，不断适应新的教育需求。

第二，自我评估能力对于教师的终身学习至关重要。教师需要能够客观地评估自己的知识和能力，识别自己的弱点和不足之处。通过自我评估，教师可以制订有针对性的学习计划，集中精力弥补自己的不足。这种能力有助于教师更加全面地提高自己，不断进步。

第三，职业发展规划能力是教师终身学习的关键。教师需要能够为自己的职业发展设定明确的目标和计划，了解自己所处的职业阶段，明晰未来的职业方向。这种规划能力有助于教师更好地选择适合自己的学习机会和培训课程，以提升自己的职业素养。

第四，在职学习能力是教师终身学习的实际体现。教师需要能够在工作和生活的同时进行学习，灵活地安排学习时间和方式。这包括参加专业培训、研究最新教育理论和实践、与同行合作等。在职学习能力有助于教师不断提升自己的知识和技能，为教育事业的发展做出更大的贡献。

社会的发展要求每个人都具备终身学习的意识和能力，尤其强调教师职业必须具备这种能力。在信息时代，教师的职业发展需要建立在终身学习的基础上。因此，教师在个人发展规划中应高度重视培养终身学习的自觉性，以适应不断变化的教育环境，为教育事业的进步做出积极贡献。

第五章　高校信息化教学资源的建设与利用

随着信息技术的快速发展，高校教育逐渐融入了许多先进的信息化元素，以促进教学资源的丰富和多样。本章将全面探讨高校信息化教学资源的建设与利用。第一节简要分析信息化教学资源的概念、类型与特点；第二节阐述了信息化教学资源的检索、获取与利用；第三节阐述了网络教学资源的建设与应用，第四节分析了基于云计算的教学资源建设。

第一节　信息化教学资源的概念、类型与特点

一、信息化教学资源的概念

（一）信息化资源

信息化资源是随着互联网的诞生而出现的，具体来说，是指经过数字化处理，可以在多媒体计算机上或网络上运行的多媒体材料。它能够促使学生通过自主、合作、创造的方式来寻找和处理信息，从而使数字化学习成为可能。信息化资源包括数字视频、数字音频、多媒体软件、电子邮件、在线学习管理系统、计算机模拟、在线讨论、数据文件、数据库等。

（二）信息化教学资源

信息化教学资源是指经过数字化处理，可以在多媒体计算机上或网络环

境下运行的、可以实现共享的多媒体学习材料。信息化教学资源包括多媒体课件、网络课件、专题学习网站、数字音像教材等。信息化教学资源是随着以计算机多媒体技术、网络通信技术为核心的信息技术在教育教学领域的普及应用而出现的。信息化教学资源是数字化学习的关键，它可以通过教师开发、学生创作、市场购买、网络下载等方式获取。信息化教学资源具有切合实际、即时可信、可用于多层次探究、可操纵处理、富有创造性等特点。

二、信息化教学资源的类型与特点

信息化教学资源的分类方法很多，根据不同的组织形式有不同的分类。下面分别按资源的主要使用对象、资源的组织形式进行分类。

（一）按资源的主要使用对象分类

1. 学习资源

学习资源主要供学生使用，包括电子讲稿、网上教程、课程资料、学习论坛、讨论组、试题库、教学软件和招生信息等。这些资源为学生提供了一个广阔的学习平台，帮助他们获取知识，发展技能，以及与他人交流学习经验。学习资源的多样性和丰富性允许学生根据自己的学习节奏和兴趣进行自主学习，同时也支持合作学习，通过讨论组和论坛等方式，学生可以互相帮助、激发创新思维和深化理解。

2. 备课资源

备课资源是为教师备课使用的资源，包括课程资料、教学软件、教案、指导刊物、学术会议资料及交流心得等。这些资源为教师提供了丰富的信息和工具，帮助他们更有效地准备教学内容和活动。网络技术的发展使得教师可以方便快捷地获取各种类型的教学资源，从而优化教学设计，提高备课效率，确保教学质量和效果。

3. 科研资源

科研资源为教育科研人员及学习者提供了专业的文献资料、政策法规、教育新闻和教育统计信息等。这些资源是科研工作的基础，支持着教育科研人员的学术研究和创新。科研资源的可获取性和多样性，推动了教育科研的深入发展，为教育改革和创新提供了理论和实证支持。

4. 管理资源

管理资源是为教育管理人员提供的数据库管理系统，用于统一管理各类教育信息资源和教学活动。如果没有有效的管理资源，学习资源、备课资源和科研资源的组织和使用可能会变得混乱无序。通过管理资源，可以确保教育信息资源的合理配置和高效利用，保障教学和科研活动的有序进行，从而促进教育质量和效果的提升。

（二）按教学资源的组织形式分类

按资源的组织形式分类，可以把教学资源分为媒体素材类教学资源、集成型教学资源、网络教学资源三大类，如图 5–1 所示。

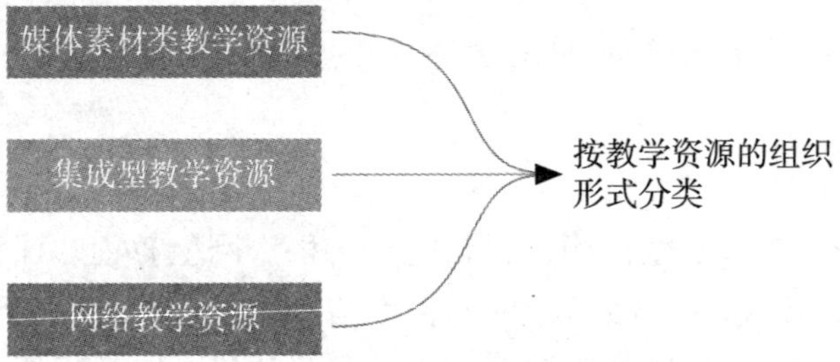

图 5–1　按教学资源的组织形式分类

1. 媒体素材类教学资源

媒体素材类教学资源是教学信息传播的基本材料单元，可分为文字资源、图形 / 图像资源、音频资源、动画资源和视频资源五大类。

（1）文字资源。文字资源是教学中不可或缺的重要元素，它通过特定的符号和表达方式，有效地承载和传递信息。在传统教学和网络教学环境中，文字资源起着核心的作用。传统的教科书、练习册、报纸和杂志等都是文字资源的代表，它们以直观和明确的方式传递知识和信息。而在数字化和网络化的教学环境中，文字资源的应用变得更加丰富和灵活。网络上的文字，或“文本”，不仅包含字体、字号和颜色的多样性，还融入了超文本结构、动态内容和交互式元素等，使信息传递更为丰富和多维。这些丰富的文本资源能够满足不同学习者的需求，提升学习的吸引力和效果。教师和学生可以通过优质的文字资源，进行深入学习、探索和交流，推动知识的构建和能力的发展。因此，文字资源在现代信息化教学中保持着其不变的重要地位，是知识传递和学习发展的基石。

（2）图形/图像资源。图形/图像资源在教与学的过程中起着至关重要的作用，它们为教学增色添彩，使信息传递更为直观和生动。图形资源，由于其抽象性，承载的信息量较少，但其数据量小、不易失真的特性使其在多媒体教学和网络传播中占有一席之地。图形虽然在呈现方式上与静态图像相近，但在教学中仍然具备特定的应用价值。

图像也是一种较特殊的教学资源。在信息技术环境下所使用的图像，与报纸、杂志和电视使用的图像相比有如下几个特点。

第一，信息量大。在信息技术环境下，图像以其丰富的色彩和强烈的层次感，能够真实地重现生活环境，从而承载更大的信息量。数字技术的应用使得这些高质量的图像可以被压缩并存储在服务器中，方便用户随时访问和使用。

第二，图像资源的选择性强。由于信息技术环境下的图像非常逼真、生动和形象，它们可以为用户提供高质量的感知材料。大量图像资源意味着丰富的信息传递，给予受众广泛的选择余地。用户可以根据自身的需要和喜好，挑选和保存心仪的图像，进行学习和欣赏。

第三，信息技术环境赋予了图像高度的可操作性。与报纸和杂志上固定不变的图像不同，用户可以自由地对信息技术环境下的图像进行放大、缩小和编辑。借助如 Photoshop 这类软件，用户还能将图像处理成各种艺术效果，实现个性化的视觉体验。

（3）音频资源。音频资源是教学中的一种重要媒体素材，信息化教学资源建设中常用的音频包括语音、效果声和音乐三种形式。语音指人们讲话的声音；效果声指声音的特殊效果，如雨声、铃声、机器声、动物叫声等，它可以从自然界中录音获取，也可以采用特殊方法人工模拟制作；音乐则是一种表达人们思想感情、反映现实生活的艺术化声音形式。

音频资源的价值不仅体现在其丰富、多样的表现形式上，更在于其作为过程性信息的教学功能。音频能够有效地限定和解释视觉画面，为教学内容赋予更深的内涵和情境感。在教学过程中，合理应用音频资源不仅能传递教学信息，更能调动学生的听觉参与，使学习变得多元和立体。音频的另一个显著优势在于能集中学生学习注意力和陶冶情操。一个合适的音频背景或解说能够引导学生更加聚焦于教学内容，同时，音频的情感和艺术表达也有助于培养学生的审美情操，激发他们的学习兴趣和潜力。

（4）动画资源。动画资源在教学中发挥着重要作用，作为一种视觉和动态的媒体形式，它通过连续播放一系列画面来模拟事物的运动和变化过程。与电影和电视采用相似的视觉原理，动画能够生动、直观地展示复杂和抽象的概念，帮助学生更好地理解和掌握知识。

动画资源的分类多样，可以根据动作的表现形式、空间的视觉效果、播放效果和每秒播放的幅数来进行划分。根据动作的表现形式，动画资源可以分为“完善动画”和“局限动画”。完善动画是一种接近自然动作的动画，它以真实、流畅的动作和高度详细的表现为特点，常用于精确模拟和解释复杂概念和过程。相对地，局限动画通过简化和夸张的方式表达动作，它能快速传达核心信息，适用于概念解释和视觉表达中。根据空间的视觉效果，动画又可被划分为平面动画和三维动画。平面动画是在二维空间内展示的动画，简单、直观，易于制作和理解。三维动画则在三维空间内展示，呈现出深度和真实感，适合展现复杂和多层次的视觉信息。根据播放效果，动画可以分为顺序动画和交互式动画。顺序动画按照预定的顺序连续播放，适合叙述和解释性的内容。交互式动画允许用户通过交互操作控制动画的播放和展示，增加了学习的互动和参与度。根据每秒播放的幅数可将动画划分为全动画和半动画。全动画以高帧率和流畅的动作为特点，通常用于高质量的视觉表现。半动画则帧率较低，适合简单、快速的视觉传达。

（5）视频资源。同动画媒体相比，视频是对现实世界的真实记录，能够生动呈现事物的细节和实际情境。视频资源具有丰富的信息和强烈的感染力。通过声像复合的格式，视频不仅展示了事物的视觉图像，同时也包含了相应的音频解说或背景音乐，使得信息传达更为全面和生动。这一特性使视频资源特别适合呈现学习者不熟悉的事物或复杂的概念和过程。然而，视频资源也带来了一定的挑战。由于视频具有丰富的色彩和内容，可能传递大量的无关信息。如果没有经过有效的筛选和组织，这些无关信息可能干扰学生的学习，导致信息的混乱和学习的困难。因此，教师在使用视频资源时需要进行精心选择和设计。应该关注视频内容的质量和适切性，确保视频材料能够直接、有效地支持教学目标和学习任务。通过筛选、剪辑和组织视频内容，减少无关信息的干扰，使学生能够集中注意力，更好地吸收和理解视频中的核心信息。

2. 集成型教学资源

集成型教学资源是针对特定教学和应用目的而设计的复合型资源，它集合了多种多媒体素材和教学资源，以形成一个完整、系统的学习体验。这类资源可以进一步细分为试题库、试卷、多媒体课件、案例、文献资料等，每种类型都有其特定的应用场景和目的。

试题库是一个系统化的、根据教育测量理论设计的题目集合。它是一个科学、结构化的教育测量工具，提供了多样化、层级化的题目，以满足不同层次和需要的学习者。

试卷是一套用于进行多种类型测试的标准化试题，它可以是纸质的也可以是电子的，旨在评估学生的知识和技能。

多媒体课件是针对一个或多个特定知识点的教学资源，它们可以是网络版，也可以是单机版。网络版课件能在标准浏览器中运行，方便在网络教学环境中交流共享；单机版课件可以下载后在本地计算机上运行。

案例是具有实际指导意义和教学意义的代表性事件或现象的多媒体呈现，能够帮助学生理解和应用理论知识。

文献资料包括教育政策、法规、条例、规章制度、重大事件记录、重要文章和书籍等，是教育工作者和学习者获取权威信息的重要渠道。

3. 网络教学资源

网络教学资源是指基于网络的、为教育目的而专门设计的、能够应用于网络教学环境中，并起到辅助教学、学习作用和进行科研活动的各种资源。网络教学包括网络教育环境资源（硬件）、网络教学支持系统（软件）、网络教学资源（资源内容）、网络人力资源（管理者）。其中，网络教学资源是核心，其他资源是为网络教学资源的建立、传播和利用服务的。

常见的网络教学资源包括网络教学资源库、专题学习网站、教育教学网站等。

第二节　信息化教学资源的检索、获取与利用

一、信息化教学资源的检索

信息化教学资源常用的检索方式包括搜索引擎检索、专业数据库检索、专业网站或学科教学网站检索和浏览式检索，如图 5-2 所示。

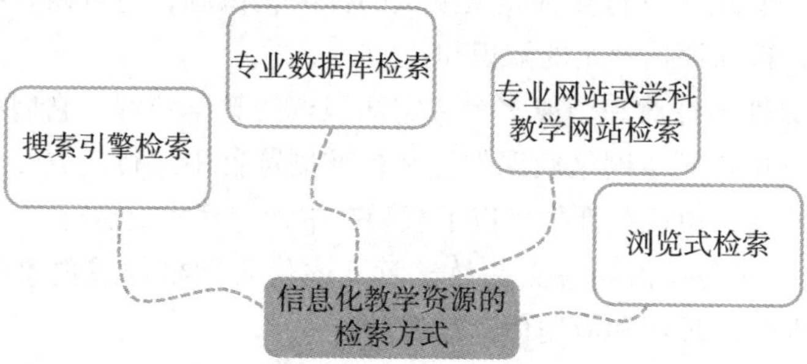

图 5-2　信息化教学资源的检索方式

（一）搜索引擎检索

1. 搜索引擎的概念

搜索引擎是一种专门用于检索互联网上信息的在线工具。它通过自动化的网络爬虫程序在互联网上收集大量网页和其他类型的文件，然后使用复杂的算法对这些信息进行索引和排列。每当用户通过输入特定的关键词或短语进行查询时，搜索引擎能够迅速地从其庞大的数据库中检索出相关的结果，并按照相关性进行排序展示。搜索引擎不仅能够检索文本信息，还能检索图像、视频、学术文章等多种类型的内容，成为人们获取和利用互联网信息的重要途径。它连接了用户和世界上无尽的信息资源，使得互联网当中广泛和复杂信息能够被快速、方便地访问和利用，很大程度上推动了信息时代的进步和发展。

2. 优秀搜索引擎的特点

（1）支持全文检索。支持全文检索意味着搜索引擎能够对整个网页或文档的全部内容进行检索，而不仅仅是标题或元数据。这种能力确保了搜索结果的全面性和准确性，允许用户通过输入特定的关键词或短语快速找到与查询相关的详细信息。全文检索涵盖了各种类型和格式的内容，包括文本、图像、视频和音频等，使得用户可以获取多样化和丰富的信息资源。搜索引擎采用复杂的算法和技术，如自然语言处理和机器学习，以识别和处理大量的数据，确保检索结果的相关性和可用性。全文检索也支持高级搜索功能，如布尔操作符、短语匹配和近义词搜索等，为用户提供灵活和精准的检索体验。

（2）支持目录式分类结构。优秀的搜索引擎应具备支持目录式分类结构的特点。这意味着信息和网页不仅可以通过关键词被检索，还按照特定的分类和主题进行组织和索引。目录式分类结构帮助用户通过分类浏览的方式快速定位到所需的信息，特别是当用户不确定具体的搜索关键词时，这种结构化的信息组织方式显得尤为有益。每个类别或主题下可能包含数以千计的相关网页和资源，按照层级结构进行有序排列。用户可以按照这些明确的类别深入探索，直观地发现和访问各种在线资源。这种分类结构使得搜索引擎更具用户友好性，不仅能满足用户精确检索的需要，也便于用户进行探索式的学习和研究，拓宽了信息检索的途径和维度。

（3）能够区分搜索结果的相关性。能够区分搜索结果的相关性是搜索引擎的另一个显著特点。这一功能确保用户可以快速地从大量的搜索结果中识别和访问最相关和有价值的信息。搜索引擎利用复杂的算法，如 PageRank 等，对每个检索结果进行评估和排序，考虑其与查询关键词的匹配程度、网页的权威性和信誉、用户的点击行为等因素。这意味着用户在输入查询时将首先看到最相关和有用的结果，大大提高了信息检索的效率和准确性。相关性排序的准确性也反映了搜索引擎的智能和先进性，对于帮助用户在信息海量的互联网环境中迅速找到所需的信息，避免信息过载和干扰，发挥着至关重要的作用。

（4）检索方法多样、查找手段完备。用户可以根据自己的需要选择从简单关键词检索到复杂布尔检索的多种方式。这种多样性意味着搜索引擎能够满足不同层次、不同需求的用户的信息检索要求。除了文本检索，搜索引擎还提供图像、视频、新闻等多种类型的信息检索服务，确保用户能够全方位、多维度地获取所需信息。高级搜索功能、自动填充、语音搜索等技术的应用使得检索更加便捷和精准。此外，搜索引擎还不断学习和优化，通过用户的搜索历史和行为数据，提供个性化的检索体验，使每次检索都更加贴合用户的实际需求和偏好，从而极大地提升了检索的效率和用户满意度。

3. 搜索引擎检索的方法

（1）基本关键词检索。基本关键词检索是最直接的搜索方式，用户通过输入与所需信息相关的词汇或短语来进行搜索。搜索引擎会基于这些关键词，快速检索其庞大的索引数据库，返回相关的网页和信息。关键在于选择准确、具体的关键词，以减少无关信息并快速定位到所需内容。

（2）使用布尔运算符。布尔运算符如“AND”、“OR”和“NOT”可以帮助用户更精确地定义搜索条件。例如，使用“AND”可以限制搜索结果必须包含两个或更多关键词，使用“OR”可以扩展搜索结果，包含任一关键词的页面都会被检索出来，而“NOT”则用于排除包含特定关键词的结果。

（3）利用高级搜索功能。多数搜索引擎提供高级搜索选项，允许用户设置更多的搜索参数，例如日期范围、文件类型、语言等。这种方法对于需要获取特定类型或一定时间内的信息特别有用，可以帮助用户更快地找到最相关和精确的信息。

（4）个性化和本地化搜索。搜索引擎会根据用户的搜索历史、位置和其他个人信息提供个性化的搜索结果。本地化搜索主要是根据用户的地理位置显示相关的结果，这对于需要获取本地服务或信息的用户特别有帮助。

（5）使用搜索引擎的特定功能。现代搜索引擎不仅支持文本信息的检索，还提供了图像、视频、学术文章等多种类型的信息检索。用户可以根据需要选择适当的检索功能，更加直接和精准地获取所需的信息和资源。

（二）专业数据库检索

专业数据库是一个系统化、有组织的数据收集，它包含了针对特定学科或领域的广泛资料和信息。这些数据库通常由学术机构、研究中心或专业出版社维护，包含了大量的学术文章、研究报告、论文、数据集等，是教育和研究人员获取高质量、可靠和权威信息的主要来源。常见的专业数据库有中国知网、万方、超星数字图书馆等。

进行专业数据库检索时，用户首先需要了解自己所在领域的主流数据库，以及每个数据库的特点和收录范围。专业数据库检索一般分为以下步骤。

1. 确定目标数据库

用户需要根据自己的研究或教学需要，确定最相关和权威的专业数据库。例如，在医学领域，PubMed可能是首选；在工程和技术领域，IEEE Xplore可能更为合适。

2. 关键词选择

关键词选择是利用专业数据库检索的基石，其准确性和相关性直接影响检索结果的质量。选择关键词时，要确保它们与检索主题紧密相关，能准确反映信息需求的核心。用户需要广泛搜集和筛选与主题相关的词汇和短语，可以从已有的文献、研究报告或是相关领域的术语词典中获取。同时，考虑关键词的同义词和变体也非常重要，这样可以确保不遗漏任何相关信息。例如，在检索关于“气候变化”主题的资料时，可能需要包括“全球变暖”“环境变化”等相关词语，以实现对检索主题的全面覆盖。

3. 限定检索范围

限定检索范围是确保检索结果质量和可管理性的关键。用户可以通过设置具体的检索参数来筛选和定位最相关和有用的信息。例如，通过设置发布日期的范围，用户可以确保获取的信息是最新和具有时效性的，避免过时的数据。作者和出版源的限定则有助于用户聚焦于特定的研究人员、机构或出版物，确保检索结果的权威性和可靠性。此外，用户还可以根据需要限定文献类型、语言、地域等多种参数，获得更加精细、目标更加明确的检索结果。

4. 使用高级检索工具

使用高级检索工具能使用户更精准地定位所需的信息。这些工具允许用户进行细致的查询，涵盖特定的参数和变量以优化搜索结果。例如，主题分类检索允许用户探索特定主题下的所有相关资料，实现针对性和深度的信息获取。引文检索功能帮助研究人员追踪学术论文的影响和引用情况，揭示学术成果的价值和影响力。全文检索则确保学生能直接获取完整文档，方便学者深入分析和研究。这些高级工具增强了检索的灵活性和精度，使用户能更快速、更直接地获取高质量、相关的信息，从而有效支持学术和教学活动。

5. 评价和选择信息

检索到的结果需要经过用户的评估和选择。考虑信息的可靠性、权威性、时效性等因素，选择最适合自己需求的资源。

6. 获取和使用信息

一旦找到所需的信息，用户需要根据数据库的提供方式获取全文或相关资源。某些数据库可能需要通过订阅或购买来获取全文。

（三）专业网站或学科教学网站检索

专业网站或学科教学网站是针对特定学科或领域设计的在线平台，提供了大量的教学和学习资源。这些网站通常由教育机构、学术组织或专家团队维护，包含了课程材料、教学视频、学术文章、实验教程等各种类型的教学资源。每个网站都是针对特定的学科领域，如数学、科学、工程、人文等，为教师和学生提供了一个集中、专业的教学资源库。

在专业网站或学科教学网站检索时，可采用以下几种方法。

1. 直接访问与导航

用户可以直接访问这些专业或学科教学网站，并利用网站自带的导航和分类系统来找到所需的教学资源。每个网站都有其内部的组织和分类结构，用户可以按照主题、课程或资源类型进行浏览和检索。

2. 关键词搜索

大多数专业和学科教学网站都提供内部搜索引擎功能。用户可以输入与所需资源相关的关键词或短语，快速检索网站内部的相关教学资料和信息。

3. 利用外部搜索引擎

除了网站内部的搜索功能，用户也可以利用 Google、Bing 等外部搜索引擎来检索这些网站。通过在搜索引擎中输入特定的网站地址和关键词，可以定向检索特定网站内的内容。

4. 订阅和关注

为了获取最新的教学资源和信息，用户还可以订阅这些网站的更新通知、新闻稿或 RSS feeds。这样每当网站更新教学资料或信息时，用户都可以第一时间得知。

（四）浏览式检索

浏览式检索是一种非线性的、直观的信息查找方法，它不依赖特定的关键词或查询语句。在这种检索模式中，用户通过直接浏览和探索信息资源，按照个人的兴趣和需求自由地获取信息。这种检索方式常见于图书馆、博物馆、画廊以及一些网站和数字资源库。用户可以自由地探索各种类别、主题和集合，通过点击、滚动和观察来发现和访问所需的资源。这种方式虽然可能不够系统和结构化，但它为用户提供了一种自然、直观和灵活的信息获取方式，特别适合于开放式的探索和学习。用户可以根据自己的节奏和兴趣自由浏览，发现和探索未知的领域和资源，实现个性化和自主化的学习和研究。在某些情况下，浏览式检索能够帮助用户发现意外的信息和灵感，启发新的思维和创意。

二、信息化教学资源的获取

（一）媒体素材类教学资源的获取

1. 文字资源

教师和学生可以通过图书馆、在线数据库、学术论坛、教育网站等渠道获取所需的文字资源。此外，开放访问的学术资源和政府、教育机构提供的公开文档也是重要的文字资源来源。同时，数字化的技术也使得传统的纸质文档可以轻易地转化为电子格式，方便人们教学和学习。利用搜索引擎和专业的学术搜索平台，教师和学生可以快速地找到所需的文字资料，提高教学和学习的效率。

2. 图形 / 图像资源

教师可以通过网络、图书馆的数字资源、专业的图像数据库等渠道获取图形 / 图像资源。现在有很多网站和平台提供高质量的图形 / 图像资源，如 Getty Images、Shutterstock 等。同时，开放源的图形资源也是一个很好的选择，它们不但免费，而且质量也很高。此外，教师和学生也可以利用图形设计软件自己创建图形 / 图像资源，以满足特定的教学需求。

3. 音频资源

通过网络平台如 SoundCloud、iTunes 或者教育专用的音频资源库，教师和学生可以获取丰富的音频资源。另外，公共广播服务（PBS）、BBC 和其他公共媒体机构也提供大量的音频材料。同时，教师可以利用音频编辑软件，制作自定义的音频资源，以达到特定的教学目的。

4. 视频资源

网络平台如 YouTube、Vimeo 以及教育专用的视频资源库是获取视频资源的主要渠道。许多教育机构和组织也在自己的网站上提供视频教学材料。同时，教师可以利用视频制作和编辑软件，创建自定义的视频资源，以满足教学需求。

5. 动画资源

教师和学生可以通过网络平台如 Khan Academy、Coursera 或者动画制作软件，获取和制作动画资源。同时，一些开放源的动画资源库也提供了大量的免费动画资源。通过动画，教师可以使教学变得更加生动和有趣，同时帮助学生更好地理解和掌握教学内容。

（二）基于网页的教学资源的获取

1. 网页另存

网页另存是一种常用的获取网上信息资源的简便方法。用户在浏览器中找到需要的资源时，可以直接将整个网页或其特定部分保存到本地硬盘上。这一操作通常可以通过浏览器的菜单选项进行，例如“文件”菜单下的“另存为”选项。用户可以选择将网页保存为不同的文件格式，如纯文本、完整网页或仅 HTML 等，这样便于离线查看和分享。同时，网页另存也允许用户选择保存网页中的特定元素，如文本、图片或链接。这种方法的优势在于操作简便，不需要额外的软件或工具，用户可以迅速将在线资源转化为离线文件，方便随时查看和使用。然而，需要注意的是，另存网页时可能会遇到一些格式和布局的问题，特别是当网页含有复杂的媒体和动态内容时。因此，在另存后，可能需要进一步地编辑和调整，以保持内容的完整性和可读性。

2. 使用离线浏览器下载

离线浏览器是一种能够允许用户下载整个网站或特定网页内容到本地计算机的软件工具。通过使用离线浏览器，用户可以在没有互联网连接的情况下浏览下载的网页，这在某些场景下是非常有用的，比如在没有网络服务的地区、飞机上等。离线浏览器通常提供了强大而灵活的下载选项，允许用户自定义下载内容、范围和深度，以及文件的组织和管理方式。例如，用户可以选择下载整个网站、特定目录或页面，也可以设置过滤规则来排除不需要的内容或文件类型。下载完成后，用户可以在本地以完整的网站结构和链接浏览内容，获得与在线浏览相似的用户体验。离线浏览器还常常用于备份、存档和内容迁移等应用场景，是信息化教学资源获取中的重要工具。需要注意的是，使用离线浏览器时，应遵守相关的法律和网站使用条款，避免侵犯他人的知识产权和隐私。

3. 利用多线程断点续传软件下载

多线程断点续传软件是一种高效的文件下载工具，允许用户暂停并在稍后继续未完成的下载，从而使大文件或不稳定网络环境下的下载变得更为方便和可靠。这类软件通过将文件分割成多个部分并同时下载这些部分来加速下载过程，每一部分使用一个单独的线程，从而实现了文件的多线程下载。当网络连接中断或用户需要暂停下载时，已完成的部分将被保存，用户可以在稍后继续下载未完成的部分，无须重新开始整个下载过程。这一特性在下载大型文件、视频或信息化教学资源时尤其有用，能大幅提高下载的效率和成功率。用户可以通过简单的界面管理和控制下载任务，调整下载的优先级和设置，以适应不同的网络环境和用户需求。使用多线程断点续传软件，教育者和学生能够更快、更可靠地获取所需的教学资源，支持在线和离线的学习活动。

4.FTP 文件传输

FTP 文件传输是一种用于在互联网或其他 TCP/IP 网络上共享文件的标准网络协议。FTP 允许用户通过特定的软件或网页浏览器访问、上传、下载文件到服务器。这在获取信息化教学资源时非常有用，尤其当文件较大或需要批量下载时。FTP 支持大文件传输，保障文件在传输过程中的完整性和安全性。用户可以通过 FTP 客户端软件或支持 FTP 的浏览器直接连接到 FTP 服务器，只需要输入服务器地址、用户名和密码就能访问服务器上存储的文件和目录。FTP 在教育领域中的应用广泛，学校和教育机构常用 FTP 服务器存储和共享教学资料，学生和教师可以方便地下载课件、视频、实验数据等资源。FTP 的使用，提升了文件传输的效率和便利性，为信息化教学资源的获取、存储和共享提供了有力支持。

三、信息化教学资源的利用

在各学科教学环节中运用信息化教学资源，可以优化教学过程，提高教学效果。在具体运用时还应注意以下几个问题。

（一）使用信息化教学资源要有明确的目的

使用信息化教学资源要有明确的目的，是确保教学资源有效利用的基础。教师需要明确为什么、何时以及如何使用特定的教学资源来达到预定的教学目标。这意味着在选择和应用资源时，教师需要考虑这些资源如何帮助学生更好地理解课程内容、提升学习兴趣和动机、发展特定技能或达到预期的学习成果。目的明确有助于教师有针对性地挑选和整合教学资源，优化教学策略，实现教学目标有效传达。同时，它也能确保教学资源的使用是目标导向、高效的，避免资源的随意或盲目使用，确保教学活动的质量和效果。

（二）正确把握使用信息化教学资源的时机和“度”

正确把握使用信息化教学资源的时机和“度”，是优化教学效果的关键。时机指的是选择合适的教学阶段和时刻引入信息化资源，以促进学生的学习和理解。例如，在解释复杂概念时，可以使用动画和视频来辅助讲解。“度”则关乎信息化资源的使用量和频率，要避免过度依赖，确保资源的辅助和增效作用。过多或使用不当可能会导致学生分心，影响学习深度和质量。因此，教师需要综合考虑课程内容、学生特点、学习环境等因素，精心设计信息化教学资源的使用策略。在实践中不断调整和优化，确保信息化教学资源能够有效地服务于教学目标，提升学生的学习体验和效果，而不是成为教学的累赘或干扰。这样信息化教学资源才能真正发挥其潜力，推动教学创新和学生发展。

（三）信息化教学资源的选择要遵循低成本、高效能的原则

低成本不仅指经济成本，还涵盖了时间和精力投入。教师需要寻找那些易于获取、使用和维护的资源，以确保教学流程的顺畅和高效。高效能意味着所选资源必须具备明确的教学价值和效果，能够有针对性地解决教学中的实际问题，帮助学生有效地学习和成长。资源的选择需要基于其对学习效果的实际推动力，避免那些华丽但并不实用的选项。通过综合评估资源的功能、可用性、适应性和成本效益，教师可以制订出更为合理、经济和高效的教学方案。这样不仅能确保教学质量，还能在有限的资源条件下，实现教学目标的最大化，促进学生的全面发展。

（四）充分利用信息化教学资源的特点组合教学，扬长避短，互为补充

每种类型的信息化教学资源都有其独特的优势和局限性。通过综合运用多种资源，可以发挥各自的长处，互相补足短板，实现教学效果的最优化。例如，动画和模拟可以使抽象概念变得直观易懂，但它呈现的时间太短，学生的认知过程难以展开，但如果将它与图形、图像资源相结合，则既能表现活动的画面，又能表现静止放大的图像，教学效果必然会好。教师应根据教学内容和学生特点，灵活选择和组合适当的信息化资源，以实现教学目标。在实践中，也需要不断评估和调整资源的使用，以应对学生需求和教学环境的变化。通过精心设计和有目的的组合，信息化教学资源可以实现“1+1 > 2”的效果，推动学生的深层次学习，提升教学质量和效果。

（五）信息化教学资源要与传统教学资源有机结合

虽然数字和技术化资源能提供丰富、灵活的学习体验，但传统教学资源，如教科书、实物模型和实地考察等，依然有其不可替代的价值。它们为学生提供实质性、直观的学习材料，有助于深化理解和增强记忆。在教学实践中，教师需要综合考虑各种资源的特性和优势，合理配置和整合，以实现最佳的教学效果。例如，可以在解释理论知识时融入信息化资源以丰富展示，而在实践操作和实验环节中，依赖传统资源以加强实物操作技能和实地体验。这样的组合能确保学生在享受信息化带来的便利和效率的同时，也能够获得实质性、深层次的学习体验，全面发展各种知识和技能。

（六）运用信息化教学资源前必须做好充分的准备

运用信息化教学资源前的充分准备是实现教学目标和提升学习体验的基础。教师需先评估所选资源的适用性、可靠性和效果，确定它们能满足特定教学需求和学生的学习水平。同时，技术准备也至关重要，包括检查设备的功能、网络的稳定性以及资源的可访问性，确保教学过程顺畅无阻。教师还需熟悉所用资源的操作和应用，以便在教学中灵活运用，有效传达教学内容。必要时，还可以提前为学生提供技术支持和指导，帮助他们顺利使用这些资源，使学习效果最大化。通过充分的前期准备，可以预防技术和操作问题，保证信息化教学资源的有效利用，从而提升教学质量和学生满意度。

第三节　网络教学资源的建设与应用

常见的网络教学资源包括网络教学资源库、专题学习网站、教育教学网站等。本节主要论述网络教学资源库的建设与应用、专题学习网站的设计与应用。

一、网络教学资源库的建设与应用

（一）网络教学资源库概述

1. 网络教学资源库的概念

网络教学资源库是指由传播教学内容信息的基本单元（包括文本、图形、图像、音频、视频、动画等）和各类教学材料（包括网络课件、教学案例、试题试卷、网站地址、网络课程等）组成的，具有一定的组织结构和检索功能的网络数据库系统。

2. 网络教学资源库的特点

（1）科学的资源分类。通过按学科、知识段分类，以及按资源格式和类型分类，网络教学资源库为用户提供了一个清晰、直观的浏览体验。教师、学生和其他用户可以迅速找到他们所需要的具体资源，从而提高学习和教学的效率和效果。这种分类机制体现了资源库的系统性和完整性，确保各类用户能够根据自己的需求和背景，快速、准确地访问和利用资源。

（2）规范的资源格式。即整个系统以权威、通行的规定为标准。这一标准化的做法不仅可以帮助维护和管理资源库，还确保了用户能够无缝、方便地使用各种资源。无论是文本、图像、音频还是视频，每种格式都经过严格筛选和标准化处理，确保了资源的质量和可靠性。

（3）良好的可扩充性。系统可以动态地增加科目、知识段、知识单元、知识点及资源的其他属性。这种灵活性和可扩展性保证了资源库的持续增长和更新，满足了不断变化和发展的教育需求。教师和学生将始终有最新、最相关的资源可用，促进了持续学习和发展。

（4）多样的检索方式。网络教学资源库提供高级搜索、导航式搜索、图片预览式搜索、简单搜索、全文搜索等检索方式，这些多样的检索方式确保了用户可以根据自己的需求和偏好，快速、准确地找到所需资源。这一特点凸显了资源库的用户中心设计，使其成为一个强大、灵活的学习和教学工具。

（5）有效的资源积累机制。网络教学资源库允许通过单个资源导入、批量资源导入等方式扩充资源。通过允许单个资源导入，资源库能精细化管理，确保每个加入的资源都符合一定的质量和标准。批量资源导入功能允许教育者和学习者快速地分享和获取大量的学习资料和信息。这种灵活的资源积累机制不仅提升了资源库的使用价值，也加强了其作为学习和教育平台的核心角色，能够更好地支持个性化、自适应的学习路径，推动知识的传播和学习的创新。

（二）网络教学资源库建设的原则

网络教学资源库的建设应遵循以下原则，具体如图 5-3 所示。

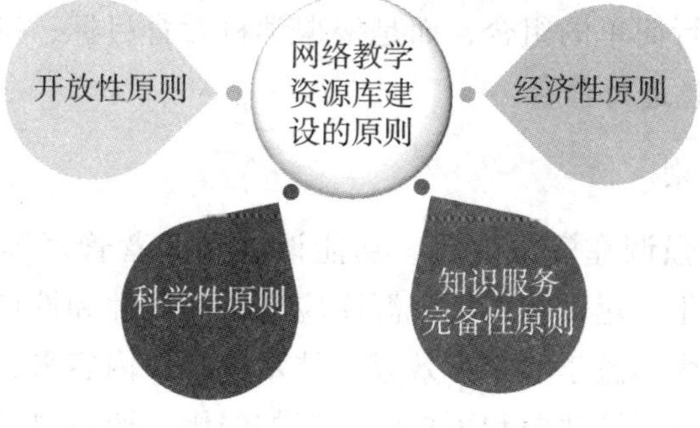

图 5-3　网络教学资源库建设的原则

1. 开放性原则

开放性原则是网络教学资源库建设的核心准则，旨在确保教学资源库能够为广大师生提供无障碍、方便快捷的学习和教学支持。根据开放性原则，资源库应在任何时候、任何地方都可被访问和使用，不受时间和地域的限制。更重要的是，每一位教师和学生都能够将自己的电子作品和学习资源纳入其中，使资源库成为一个持续增长和不断丰富的学习宝库。这一原则鼓励知识和信息的自由流通与分享，促进教育公平和学习创新，为教师和学生提供更广阔的教学和学习空间，同时推动网络教学资源库向更高的质量和更广的覆盖面发展。

2. 科学性原则

科学性原则是指网络教学资源库的构建和发展必须基于严谨的科学方法和标准。这意味着资源库中所有的教学资源和内容都需经过精确的筛选和验证，保证其准确性、有效性和可靠性。科学性不仅体现在内容的质量，还体现在资源库的结构和功能设计中，确保它是用户友好、易于导航和检索的。资源库应充分利用现代科技，特别是信息技术和数据分析，以便持续优化其结构和内容，使之更好地适应教育者和学习者的需求。通过实施科学性原则，网络教学资源库能够成为一个真正具备教育价值的平台，推动教学质量和学习效果的提升。

3. 知识服务完备性原则

网络教学资源库建设要提供全面的知识服务。优秀的资源库不仅要向教师提供离散的信息，提供一般的信息服务，还要向教师和学生提供更高层次的信息服务，也就是知识服务。资源库提供给教师的不是收集到的信息、将收集到的信息进行简单的组合，而是根据学科教育目标，按照教学设计、教育改革需求对信息进行整合。

4. 经济性原则

经济性原则强调在资源配置、功能设计和运营管理等方面实现成本最优化和效益最大化。建设和维护资源库应具备高效性和性价比，确保在有限的投入下达到最优的教学和学习效果。技术选型、内容采集、平台建设和维护等环节都应遵循经济效益和可持续发展的原则。通过科学的管理和技术创新，减少不必要的成本支出，提升资源库的运行效率和服务质量。经济性原则不仅有助于实现资源库的长期稳定运作，还能确保更多的教育和学习资源得以分享和利用，从而推动教育公平和社会进步。

（三）网络教学资源库建设的策略

1. 秉持“利用现有、校本研发、企业合作、个人参与”的建设理念

网络教学资源库建设是一个不断演进、优化的过程，无法一步到位。为此，学校在建设过程中需要秉持“利用现有、校本研发、企业合作、个人参与”的理念。一是要充分挖掘利用已有的音频、视频、图像等多媒体教学资源，通过整合这些资源，节省成本和时间，同时满足教学需求。二是联合企业进行研发。企业具备技术和资本优势，能快速开发出高质量的教学资源。学校和企业可以通过合作，共享资源和技术，开发出符合教育教学需求的优质资源。三是积极进行校本研发，学校可以组织教师、学生和专家学者，利用自身的教育教学优势，开发出具有特色和针对性的教学资源。这种方式能保证教学资源的实用性和针对性，满足特定学习者的个性化需求。通过系统、科学地开展校本资源的开发，可以不断优化和丰富教学资源库的内容，提升其教育价值。四是鼓励教师按知识点开发。学校应鼓励教师利用信息化工具，根据学生的具体知识需求，定制化开发教学资源，确保每个学生的学习需求都得到满足，推动教育个性化和精细化发展。

2. 选择良好的资源开发模式

选择良好的资源开发模式是网络教学资源库建设的关键，直接影响着用户的访问体验和学习效果。在众多的开发模式中，客户浏览器模式和客户服务器模式是两种常见的选择。客户浏览器模式的优势在于其便利性和易用性。用户只需知道资源服务器的地址，即可方便快捷地访问和浏览共享资源，无须安装任何客户端程序，这大幅提升了用户体验和资源的可访问性。相较而言，客户服务器模式虽然也有其独特的优势，但需分别编写客户端和服务器端，并要求用户安装客户端程序，这无疑增加了用户的操作复杂度，提高了使用门槛。因此，本着一切为用户着想的理念，推荐开发者优先考虑客户浏览器模式。

3. 成立专门的开发与管理小组

网络教学资源库的建设和管理是一项复杂且多维度的任务，它涵盖从内

容创作、资源整合，到技术实现和用户体验优化等多个方面。为确保教学资源库的高质量和高效率开发，成立专门的开发与管理小组必不可少。

开发小组不仅需要具备跨学科的知识背景，更需要会聚多方面的人才，例如学科教学骨干、程序开发人员、美术设计人员等。他们共同研究、共同探讨，形成合力，确保教学资源库从内容到形式都能达到优质的标准。各科目教师能按科目将自己开发的课件存储于网络服务器中的相应分类位置，通过专家的筛选、评定或整合，储存优秀课件，实现资源的最大化利用。同时，信息化教学资源库的建设和管理更需要有专门的管理小组，负责协调各个部门的联系、资源的搜集、界面和程序的设计等。教学资源库涉及的问题众多，每一个环节都需要精细的操作和高效的管理。一个科学合理、分工明确的领导管理小组，能确保教学资源库的顺利开发、高效管理和持续优化，从而更好地服务于教与学的需求，推动教育质量的不断提升。

4. 以校园网为依托，建立一个高效的功能完备的资源系统

如今校园网已成为各级各类学校的基础设施，其快捷、方便、迅速的特性为教学和学习带来了显著好处。以校园网为依托，可以建立一个集参考资料收集、查询、整合和分发于一体的综合性资源系统。通过构建一个以校园网网站搜索为主的平台，不仅可以提高信息的收集和加工能力，更能有效地整合互联网上的海量资源，实现校内外教学资源的无缝对接和深度融合。此外，通过智能化的搜索和分类技术，该资源系统能够针对不同学科、不同教学需求提供精准、个性化的资源推荐和服务，大幅提升教师和学生的教学与学习效率。借助校园网的广泛覆盖和高速访问，该资源系统将为师生提供一个便捷、高效、丰富的教学资源库，推动学校教育质量和效率的全面提升。

5. 使用一些通用的标准对教学资源进行规范管理

教学资源库的建设应在合理的规划下进行，并遵循一定的规范。各级各类学校在建设本校教学资源库时，可以遵照国家制定的教学资源库规范，也可以在此基础上制定符合自己本校的教学资源库规范，凸显自己本校的特色，凸显资源的易用性，彰显资源的合理性。

6. 注重知识产权的保护

在网络教学资源库的构建中，注重知识产权的保护是至关重要的。每一项内容、每一份教学资料都是教师和学者智力劳动的结晶，因此确保其权益

不受侵犯是基础且核心的原则。在建设实践中，要在资料收集、整理、发布的每一环节谨慎审查，确保所有内容都得到适当授权或符合公共领域和公平使用的标准。同时，引入先进的技术手段，如数字权利管理（DRM）等，从技术层面保障知识产权的完整和安全。

（四）网络教学资源库的应用

1. 在线学习及答疑

网络教学资源库为学生提供了一个丰富和多样化的学习平台，其中包含各种格式和类型的学习资源，如电子书籍、视频教程、动画解说等。学生可以根据自己的学习节奏和兴趣，自主选择合适的学习资源，开展个性化学习。网络教学资源库设有在线答疑区，学生如果遇到学习上的困难和问题，可以直接在平台上向教师或其他学生求助。教师也可以实时回应，为学生提供及时、精准的学术支持。此外，智能答疑系统也开始广泛应用，学生可以通过简单的操作，快速获得自动生成的答案和解释。这样的设计不仅提升了学习的效率和质量，还为学生创造了一个互动和合作的学习环境，培养了他们的自主学习能力和问题解决能力。

2. 课程考核

网络教学资源库中的课程考核功能通过先进的技术手段，为教师和学生提供一个高效、准确和便捷的考核平台。学生在此平台上参与考核，不仅能够实时接收反馈，还能免去传统纸质考试中的诸多不便，如涂写答题卡、准备纸笔等。一切答题和评分过程都由计算机自动完成，确保了评分的精准和快速。教师能够迅速获得学生的考核数据，深入分析学生的学习表现和掌握程度，从而有针对性地调整教学方法和策略。同时，所有的试题和考核数据都会被系统自动收集和存储，形成一个庞大的考试考核资源库。这个资源库不仅包含丰富的试题资源，还能对学生的考核数据进行长期的跟踪和分析，帮助教育工作者发现学生的学习趋势和薄弱环节，为进一步提升教学质量和学生学习效果提供有力支持。

3. 教学跟踪调查

网络教学资源库还有对教学情况的跟踪调查功能，它能随时反映教师的教学情况和学生的学习情况，通过对教学情况的统计数据进行采集和分析，就能在课程开发、教学模式改变等方面及时给予指导，找出教学中的不足及学生需求，对教学质量的提高有很大帮助。

二、专题学习网站的设计与应用

（一）专题学习网站的概念

专题学习网站是指在网络环境下，围绕着某一项或多项专题而设计开发的资源学习型网站，是通过创设接近真实情境的专题、主题和问题，让学生以小组或团队的形式，借助网络资源和工具对专题、主题和问题进行探究，并设计和形成专题成果的过程，让学习者体验和了解科学探索过程及知识的形成过程，提高学习者获取信息、分析信息、加工信息的实践能力，培养学习者良好的创新意识与信息素养。

专题学习网站本质上是一种基于网络资源的研究性学习系统，它通过提供协作学习交流工具和大量的专题学习资源，实现了一个多元、互动和自主的学习环境。学习者在这样的环境中有机会自主选择和确定研究课题，自我探究和学习，强调的是主动性和探索性。

（二）专题学习网站设计的主要环节

专题学习网站的设计重点包括选题、教学内容设计和结构体系设计三个方面，如图 5-4 所示。

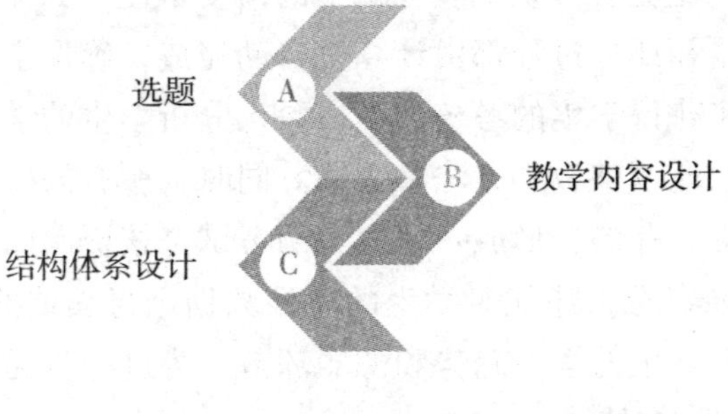

图 5-4　专题学习网站设计的主要环节

1. 选题

选题作为专题学习网站建设的首要环节，具有举足轻重的作用。选题可以来源于教材。教材中的内容经过精心筛选和组织，确保了内容的严谨性和可靠性。通过挖掘教材中的主题，可以获取广泛的、具有教育价值的题材，从而构建具有深度和广度的学习内容。然而，专题学习网站的选题并不局限于此。为了实现更丰富的教育目标和使学生感受更丰富的学习体验，选题需要超越教材，探索更广泛的知识领域和主题，如可以拓展英语知识、艺术欣赏、自然地理、物理化学、科技科幻、经济军事、数学计算、快乐英语、宋词专题等多个领域。

选题时，要注重其教育性、整合性、扩展性和开放性的特点，使得专题学习网站能适应不断变化和发展的学习需求。教育性是选题的首要考虑因素。一个具有教育性的选题能够提供有价值的学习内容和经验，帮助学习者实现知识、技能和价值观的增长。教育性强调内容的质量和深度，保证学习者在专题学习网站中能够接触到准确、可靠且有深度的学习资料，从而实现有效学习和成长。整合性关注的是学习内容和资源的综合与融合。一个具有整合性的选题能够跨越学科界限，将不同领域的知识和资源整合在一起，为学习者提供一个多元、丰富的学习环境。这种整合促进了知识的互补和共享，使学习者能够在更宽广的视野中探索和学习，实现全面发展。扩展性体现在专题学习网站的内容和结构上。具备扩展性的选题允许学习内容和资源的持续增加和更新，以满足学习者不断变化和升级的学习需求。这种扩展性保证了学习网站的生命力和活力，使其能够适应时代、技术和知识的快速发展，继续为学习者提供价值。开放性则凸显在专题学习网站的灵活性和包容性上。开放性选题意味着学习内容和结构不是固定不变的，而是可以根据学习者的需求和反馈进行调整和优化。这种开放性促进了学习网站的个性化和定制化，使其能够更好地满足不同学习者的特殊需求和期望，实现精准教育和个人化学习。

2. 教学内容设计

（1）明确专题学习网站的教学应用。这是教学内容设计的关键步骤，它直接影响着网站的教育效果和学习者的学习体验。在这一阶段，需要清晰地定义网站的教学目标、学习者将获取的核心技能和知识，以及教学活动的具体形式和内容。

（2）结合学习者的特征设计教学内容。学习者的背景知识、学习风格、兴趣和需求都应纳入设计考虑之中，以确保教学内容的相关性和有效性。这种个性化的设计方法要求对学习者进行深入了解，收集和分析他们的数据和反馈，以便更精准地满足他们的学习需求。结合学习者的特征设计教学内容，体现了内容的多样性和灵活性，能够提供定制化的学习路径和资源，适应不同学习者的个体差异。例如，针对不同程度的学习者提供不同深浅程度的内容，考虑他们的认知水平和技能发展。同时，通过引入互动和实践元素，满足不同学习风格的学习者的需求，增加学习的参与感和体验感。在这个过程中，学习者成为教学设计的中心，他们的反馈和表现直接影响教学内容的调整和优化，使得教学设计始终保持与学习者紧密的关联，实现真正的以学习者为中心的教学。

（3）结合学科特点设计教学内容。结合学科特点设计教学内容是确保教学效果和学习者参与度的关键。每个学科都有其独特的知识体系、思维方式和学习方法，因此，教学内容设计需要充分反映这些特点，以提供符合学科性质的学习体验。例如，数学专题可能会强调逻辑推理和问题解决技能，而艺术专题则可能更注重创造性和审美教育。这意味着教学内容不仅要包含丰富的学科知识，还需要融入特定学科的学习策略和实践活动。在这一过程中，教师和课程设计者的角色变得尤为重要，他们需要有足够的学科背景和经验，以确保教学内容的准确性和适切性。同时，也需要考虑学科的发展趋势和前沿知识，使得教学内容保持时代感和前瞻性，帮助学习者打开现代、全面的学科视野，为他们未来的学习和职业发展奠定坚实的基础。

3. 结构体系设计

在完成选题和教学内容的设计之后，教学目标和学习内容，以及学习者的特征分析等方面的工作已经基本确定。这些都为专题学习网站的教学性和科学性提供了保证。但要使这些知识内容在网络环境中得到充分的呈现，并充分发挥网络的优势，就需要对网站的结构体系进行精心设计。

结构体系设计涵盖了人机交互界面的设计、导航策略设计，以及针对不同身份的用户提供不同的使用界面设计等方面。

（1）人机交互界面的设计。人机交互界面的设计侧重于创建一个直观、易用和用户友好的环境，以促进学习者与专题学习网站之间的有效交互。设计的核心是确保学习者能够轻松地访问和利用学习资源，无须面临复杂和困扰的操作障碍。这涉及界面的布局、图形元素、色彩选择以及信息呈现的方式等，每个元素都应当考虑用户的认知和操作习惯，确保信息的清晰呈现和快捷访问。人机交互界面的设计也需要不断优化和迭代，收集用户反馈，对设计进行细化调整，以满足不同学习者的需求和期望。

（2）导航策略设计。导航策略设计是专题学习网站结构体系设计的重要组成部分，它帮助学习者在网站中方便、高效地定位和获取信息。一个良好的导航策略需要保证逻辑的连贯性、清晰性和一致性。每个导航元素和路径都应设计得直观明了，使学习者能够轻松找到他们需要的内容和资源。同时，导航策略也应具备一定的灵活性，能够适应不同学习者的浏览和搜索习惯，为他们提供个性化的导航体验。

（3）不同身份用户使用界面的设计。针对不同身份的用户提供差异化的使用界面设计是实现个性化学习的关键。学生、教师和管理员可能有不同的需求和权限，因此需要有针对性地设计界面和功能。例如，学生界面可以更注重学习资源的访问和互动学习的功能，教师界面则需要加入课程管理和学生监测的功能。每个界面都应当简洁、直观，同时满足特定用户群体的操作和信息需求。这种差异化设计增强了网站的适应性和灵活性，为不同用户提供了量身定制的学习和教学环境。

（三）专题学习网站的应用举例

下面以专题学习网站“桥”为例，说明运用专题学习网站教学时给学生提供的学习过程与学习建议。

1. 学习过程

首先，教师通过设计精彩的问题激发学生的思考，让学生自然而然地对“桥”产生兴趣，进而主动探索和了解关于“桥”的各种知识。

其次，引导学生自己提出关于桥的问题，让学生将提出来的问题提交到“教学讨论区”上，并进行研究与讨论。

最后，按照不同的角色设定若干个学习小组，学生自主选择要加入哪个小组。教师在网站上给出学习建议及每个小组要完成的任务。这些任务的设定是从培养学生的语言智能、数理逻辑智能、视觉空间智能、音乐智能、人际关系智能、自我认识智能等角度来安排的。每个小组可以选择他们感兴趣的一个或几个问题来研究。同学们可以在该学习网站中、互联网上查找资料，也可以去询问家长及桥梁方面的专家，还可以去图书馆查阅书籍、报刊。找到答案以后，请同学们在讨论区回复。如果遇到新的问题，也可以将问题发表到讨论区上，等待其他同学的回答。每个同学要扮演一个角色，如文学家、历史学家、桥梁设计师、新闻记者、统计学家、艺术家等，要从“专家”的角度开展活动。问题解决后，要将研究的问题、收集的资料、得出的结论、学习体会等制作成网页发布出来。在开展活动时，组内的同学应该互相帮助，共同努力，争取成为最优秀的小组。活动结束时，以小组为单位进行成果汇报。

2. 学习建议

（1）学生在使用专题学习网站时，应充分利用网站上提供的学习资源，减少寻找和筛选信息的时间。

（2）在解决问题和进行研究时，同学们可以采取“专家”团队的方式，每个人专注于自己擅长或感兴趣的部分。明确分工，确保每个“专家”都能全身心投入自己的部分，最终整合各自的成果，形成完整、全面的研究成果。

（3）学生在进行网络调查和学习时，应该养成良好的写笔记习惯。记录关键信息，标记有价值的网站和资源，这样在需要时可以迅速找到。同时，在引用他人的资料时必须注明出处，这不仅是对原作者的尊重，还有助于培养学生的学术诚信意识。

（4）展示成果时，形式可以多样。学生可以选择使用实物、Word 文档、PowerPoint 幻灯片、网页、动画等方式来展示他们的学习和研究成果。这样的多样性能激发学生的创造力，让他们在选择和使用不同展示方式时，也能学到更多的技能和知识。

（5）每位“专家”完成自己的研究部分后，小组成员应该共同审查和讨论各自的成果，寻求意见和建议。这个过程有助于每个成员看到自己工作的不足，也能学习到别人的长处，促进团队合作和个人成长。

（6）在小组展示成果时，需要一名主持人来组织和引导展示流程。展示的顺序和细节应提前商量好，确保展示过程有条不紊。组内预演是一个检查和完善的机会，帮助团队识别并改进不足之处，确保正式展示时能呈现出最好的成果。

第四节　基于云计算的教学资源建设

一、云计算的概念

云计算是一种计算技术和业务模式，将计算资源通过网络以服务的形式灵活提供给用户。在云计算环境中，硬件、软件、存储和其他计算资源被集中管理和分配，用户可以根据需求随时随地访问和使用这些资源，无须关心底层的技术细节和资源管理。云计算的核心理念是通过网络“云”将巨大的计算能力分散到各种终端和应用中，实现计算能力的高效利用和动态分配。这种模式带来了显著的经济和效率优势，让企业和个人能够更灵活、更经济地获得和使用计算资源，推动了信息技术和相关行业的快速发展。云服务的使用者只需支付所使用的资源和服务费用，就可以享受到快速、可扩展和按需使用的计算服务，极大地促进了创新和业务发展。

二、基于云计算的教学资源构建

（一）构建要求

1. 平台稳定、快速、可靠运行

基于云计算的教学资源构建必须保证平台的稳定、快速和可靠运行。这涉及教学资源的无缝存储、检索和利用，以便教师和学生都能有效地接入。稳定性意味着系统能够抵抗各种技术和安全挑战，保持连续地操作，从而确保教学和学习不会被中断。快速性关联着系统的响应时间和资源加载速度，这直接影响到用户体验和学习效率。运行稳定则涵盖了系统的可靠性和持续性，包括数据备份、灾难恢复和系统优化等方面，确保教学资源在任何情况下都是可用和可靠的。

2. 数据资料存储规范、门类清晰、标准统一、分类规范

数据资料需按照明确、统一的标准进行存储和分类，确保资源的整齐和

易于检索。门类清晰指的是教学资源应有明确的分类和标签，方便教师和学生快速定位所需资源。标准统一意味着所有资源都应遵循统一的格式和质量标准，确保内容的一致性和质量。分类规范则需要一个精细、逻辑和直观的分类系统，以便用户能够轻松导航和管理各种教学资源。

3. 资源在安全的云端，所有信息数据均在云端

安全性是云计算教学资源构建的核心要求之一。所有的教学资料和信息数据都存储在云端，必须通过强大的安全协议和技术手段来保护。这包括加密技术、访问控制、身份验证以及数据完整性和隐私保护等方面的措施。安全的云端环境能确保数据免受未授权访问、泄露或破坏的风险，为教师、学生和管理员提供一个安全、可靠的平台进行教学和学习活动。

4. 资源库操作平台具有友好的操作界面

资源库操作平台应具备直观、用户友好的界面，使教师和学生能够轻松地访问、搜索和使用教学资源。友好的操作界面涉及设计的直观性、操作的简便性以及功能的可访问性等方面。为了满足不同用户的需求和技能水平，操作界面应当是可定制的，提供必要的指导和支持，以促进教学资源的最大化利用和教学效果的优化。

（二）构建步骤

1. 需求分析和规划

（1）确定教学资源的需求和目标。在基于云计算的教学资源构建的初步阶段，明确教学资源的具体需求和目标是至关重要的。这包括对目前教育环境中存在的挑战和机会进行深入分析，识别教师、学生和学校的特定需求。这种需求分析也应包括考虑不同学科、年级和教学方法的多样性，以保证构建的资源得到广泛适用。目标设置方面，需要制定清晰、可衡量的目标，这些目标应该对应教学和学习的改进、技术的集成和用户体验的优化等多方面内容。

（2）制订详细的云计算实施计划。有了明确的需求和目标之后，下一步是制订详细的云计算实施计划。这一阶段需要综合考虑技术、资源、预算和时间等多方面的因素。制订一个全面、具体的实施计划，明确各个阶段的任务、责任和时间表。同时需要考虑可能遇到的挑战和风险，预先规划相应的

应对策略和备份计划。整个实施计划应具备一定的灵活性，能够根据项目进展和外部环境的变化做出调整，确保项目的顺利进行和教学资源构建的成功实现。

2. 选择和部署云服务

（1）选择合适的云服务供应商和平台。选择云服务供应商和平台需要综合考虑供应商的技术能力、服务质量、安全保障以及成本效益等因素。评估应包括云平台的稳定性、扩展性、兼容性，以及提供的功能和服务是否能满足教学资源的特定需求和目标。此外，还要考察供应商的市场声誉、客户反馈和服务支持，确保所选的云平台能为教学资源提供可靠、高效的支撑。

（2）部署和配置云服务环境。确定云服务供应商和平台后，接下来是部署和配置云服务环境。其中包括设置云服务器、存储和网络等基础设施，以满足教学资源的存储、管理和访问需求。需要详细规划资源的分配和配置，保证系统的性能和响应速度。安全配置也是此阶段的重点，包括数据加密、访问控制、身份验证和安全监控等，确保教学资源的安全和隐私。在部署和配置过程中，应密切监控系统的性能和安全状态，及时调整配置，确保云服务环境的稳定、高效和安全运行。

3. 教学资源的开发和集成

（1）开发多媒体和互动教学资源。在基于云计算的教学资源构建中，开发多媒体和互动教学资源是中心任务。这包括创建各种形式的教学内容，如视频、动画、模拟、测验和互动应用等，确保它们是引人入胜、教育性强并能够满足不同学生的学习需求和偏好的。资源开发应侧重于教学目标和学习成果，利用云计算的高灵活性和扩展性来制作个性化和可定制的教学资源。每种资源都应设计得容易更新和迭代，以适应教育环境和技术的快速变化。

（2）教学资源的集成和管理。集成和管理阶段，教学资源需在云环境中有序、高效率地组织。资源的分类、标签和索引需要明确、标准化，以方便教师和学生快速、准确地检索和访问。

4. 测试和优化

（1）对云端教学资源的性能和安全进行测试。测试是云端教学资源开发的重要环节。需要系统性地评估资源在实际教学中的性能，包括加载速度、响应时间、用户界面和互动功能等。通过运用各种测试工具和方法来模拟真实的使用场景，确保所有资源都能在不同设备和网络环境下稳定运行。安全测试也是至关重要的，要评估数据的保密性、完整性和可用性，检查可能的安全漏洞和风险，确保教学资源在云端的安全存储和访问。

（2）基于反馈进行资源和系统的优化。收集和分析用户反馈是优化云端教学资源的关键。需要从教师和学生那里获取关于资源使用体验的反馈，包括内容质量、互动性能和用户友好性等方面。通过深入分析这些反馈，识别资源和系统的不足之处和改进的潜力。优化工作应是持续的过程，不断调整和改善资源内容、功能和界面设计，提升教学效果和用户满意度。除此之外，也要考虑技术和教育趋势的变化，保持资源和系统的持续创新和发展。

第六章　高校信息化教学模式构建

随着信息技术的迅猛发展，高校教育逐渐从传统教学模式转变为信息化教学模式。在这一转变中，如何有效地融合教育与技术，打造出适应当代大学生需求、具有创新性的教学模式，成为高校不可回避的挑战和机遇。本章在解读教学模式概念，功能、信息化教学模式的特点的基础上，深入探索和分析多种先进的教学模式的构建，包括基于网络的协作学习模式、基于问题的信息化教学模式以及翻转课堂教学模式。

第一节　教学模式解读

一、教学模式的概念

我国教学理论界对教学模式的研究始于20世纪80年代中期，这一时期教师丰富的实践经验积累促使教学个性化特征日益凸显，教育工作者开始对自己的教学方法和实践模式进行反思。在此基础上，教学模式的研究从传统的教学方法研究的框架中分离出来。尽管教学模式的研究得到了广泛的关注，但对其概念和构成的认识却仁者见仁，智者见智。对于教学模式概念的理解，主要有以下几种观点。

（1）教学模式是在特定教学思想的指导下，为达成明确教学任务而构建的稳固教学程序和实施办法的策略体系。它不仅是一套教学流程的组织和管理，更是一种战略性的教学布局，将教学目标、方法、内容和评估等要素融合成一个协调、系统的整体。

（2）经过反复实践检验和精细提炼，某些活动方案逐渐演变为相对稳定和系统化的教学结构，这便是教学模式。

（3）教学模式源自教学实践，是一种关于设计和组织教学的理论，它以简化的形式呈现，易于理解和应用。

（4）教学模式反映了独特的教学风格和样式，是经过长期多样化教学实践演化和稳定下来的教学过程。

（5）教学模式在特定教育思想的指导下，为达成规定的教学目标和内容，提供了一套比较稳定、简化的组合方式和活动程序。它关注教学的各个要素，为教育活动提供了明确的指南。

结合以上观点，笔者认为，教学模式是在一定教学思想、教学理论和学习理论指导下，从大量的教学实践中总结出来，为达到一定的教学目标而建立起来的较为稳定的教学活动结构框架和活动程序，是联系教学理论和实践的中介或桥梁。作为结构框架，突出了教学模式从宏观上把握教学活动整体及各要素之间内部的关系和功能；作为活动程序则突出了教学模式的有序性和可操作性。

二、教学模式的功能

教学模式的功能主要体现在以下三个方面。

第一，教学模式是某种教学理论或思想在教学活动中的具体表现形式，它总是以简化的形式表达和反映它们依据的教学理论或思想，具有一定的操作基本程序，便于教育工作者掌握。教学模式可以为教师实现教学目标提供实施程序，为设计教学方案、预见教学效果提供参考。

第二,一定的教学模式依据一定教学理论的指导，为完成一定教学目标，使教学活动中的各种因素如师生活动、教学内容、教学方法手段等优化组合，具有其特定的功能和适用范围。教师恰当地选用教学模式，有助于提高教学质量和改进教学工作。

第三，教学模式是教学理论运用于实践的结合点之一。借助教学模式的研究，可以从整体上深入研究了解教学活动系统内部各因素的关系和相互作用，深入了解教学结构，掌握教学的客观规律，从而促进教学论研究的发展。

三、信息化教学模式的特点

信息化教学模式是教学模式在信息化条件下的新发展，是基于技术的教学模式或数字化/信息化学习模式。关于信息化教学模式的定义很多，一般来说，信息化教学模式是指技术支持的教学活动结构和教学方式。它是技术丰富的教学环境，是直接建立在学习环境设计理论与实践框架基础上，包含相关教学策略和方法的教学模型。

信息化教学模式的特点是以学生为中心，通过变革学习方式（包括教学方式、信息内容呈现方式、师生互动方式和评价方式等），以促进学习者发展适应信息时代所需的知识、能力和素质。也就是根据现代化教学环境中信息的传递方式和学生对知识信息加工的心理过程，充分利用现代教育技术手段的支持，调动尽可能多的教学媒体信息资源，构建一个良好的学习环境，在教师的组织和指导下，学生充分发挥自身的主动性、积极性、创造性，对当前所学的知识进行意义建构并用所学知识解决实际问题。

第二节　基于网络的协作学习模式构建

一、基于网络的协作学习模式概述

（一）协作学习的概念

协作学习是指学习者以小组的形式在一定的激励机制下，个人和小组通过协同互助的方式，为完成共同任务而开展的学习活动，又称为合作学习。小组活动是协作学习的主体，强调小组成员的协同互助、目标导向功能、以总体成绩作为激励。

（二）基于网络的协作学习

基于网络的协作学习（Computer Supported Collaborative Learning, CSCL）是指利用计算机网络以及多媒体等相关技术开展的协作学习，是一种特殊的协作学习，在此学习过程中，多个学习者针对同一学习内容通过计算机网络平台建立交互和合作，以达到对教学内容比较深刻的理解与掌握。在网络的协作学习中，计算机网络具有快捷性、交互性、超时空性以及对资源的可共享性，因而网络环境下的协作学习除了具备非网络环境协作学习的特点外，还具备以下几个特点。

1. 突破了时空限制

传统的协作学习环境，往往被限定在校园的四墙之内，为教室的物理空间和学校的时间表所约束。然而，随着网络技术的发展和普及，这些物理和时间上的屏障被逐渐消除。学生和教师可以越过教室和校园的边界，实现远程、异地和异时的学习与交流。协作学习的范围也从班级小组扩展到整个年级、学校甚至更广泛的社区和国际层面。学生有更多的机会与不同背景、文化和专业知识的人进行交流和协作。简而言之，网络使得协作学习突破了学校束缚，变成一种大环境下的学习，极大地促进了社会学习化和学习社会化。

2. 协作学习具有可控性

在基于网络的协作学习中，教师和学生的行为和交互都是基于特定的技术平台，这意味着学习过程和协作行为能够被准确地跟踪、管理和评估。CSCL环境中的技术应用有助于防止协作过程中的失控情况出现，确保每个参与者都能在协作学习中扮演积极、有效的角色。通过这种方式，教师可以更好地监控学习过程，及时调整教学策略，确保学习目标的实现；学生也能在一个更为结构化和有序的环境中参与协作，实现知识和技能的共建和共享。

3. 附属角色的隐藏

在传统教室环境下，协作组的交互大多数是以面对面交流的形式开展的，由于这种交互形式是“稍纵即逝的”和“非记录的”，只能将交互信息记录下来进行更深一步的学习、研讨、参考，这就需要“记录员”“材料整理员”等本来与协作学习无直接关系的角色。另外，要共享信息，需要采取一定的物理方式将信息传递出去，常常是通过“朗读者”“材料分发者”“屏幕（黑板）抄写员”实现的。在网络支持的协作环境中，由于电子通信、文件记录保存、信息处理的强大功能，这些附属角色的任务被隐藏在学生协作过程中。

4. 复杂底层工作简化

得益于相关计算机技术的支持，烦琐和复杂的底层任务，如言语信息记忆、资料分类、冗余数据计算和作图等，都得以自动化和优化。这种简化极大地减轻了学生的工作负担，使他们能够将主要精力放在更为重要的高级认知活动中，如分析、决策、探索、检测和评价等。在这样的学习环境中，学生能够更深入地探索知识，发挥创造力和批判性思维，实现更高层次的学习和认知发展。通过将重心从烦琐的底层工作转移到核心的学习和思考活动上，基于网络的协作学习不仅提升了学习效率，还提高了学习的深度和质量。

5. 全面展现问题情境

创设问题情境，进行问题解决学习，能激发学生的探索性思维，使其获得高级智力技能和认知策略。在基于网络的协作学习环境中，能够较容易地向协作组展现问题的全貌，尤其能够说明一些与生活经验、思维想象领域相距甚远的问题，如医学上的复杂病例，而这在传统环境下是无法做到的。

6. 方便资源共享

计算机网络技术的发展拉近了学习者与丰富学习资料的距离，使得全球范围内的资源共享成为现实。学习小组的成员可以利用搜索引擎等工具迅速获得大量的学习资料，不会再受到地理位置或物理条件的限制。更为重要的是，这些学习资料能够轻松地在学习小组内部分享和交流，为所有成员提供了一个共同的学习和讨论基础。这种广泛和便利的资源共享不仅丰富了学习内容，提升了学习效率，还推动了小组成员之间的交流和合作，助力共同达成学习目标。

7. 协作形式多样

得益于计算机网络技术的发展，学生可以利用腾讯会议、钉钉、微信、QQ、MSN、BBS、留言板等多种通信和社交工具，让地理位置、时间不再成为沟通和协作的障碍。这些工具提供了多样化的沟通渠道，使学生能够方便快捷地与老师和同学建立联系，进行实时或异步的交流和合作。在这样的环境下，学生可以自发地制订合作计划、开展讨论，共享合作成果，形成一个开放、动态和多元的学习社群。这种多样的协作形式不仅丰富了学习的内容和方式，还增强了学生的参与感和归属感，推动了知识的共建和共享，提升了学习的质量和效果。

二、基于网络环境的协作学习模式构建要点

网络信息具有非线性的组织形式、多媒体化表现方式、大容量的信息存储、便利的交互性等优势，这些都有助于学生认知策略的形成，因此在建构基于网络环境的协作学习模式时应充分考虑和利用网络技术的这些优点，尽量把网络的优点和协作学习的优点结合起来，要考虑到各种教学因素（如学习者、任务、情境等），同时还要考虑到网络的干扰因素。基于网络环境的协作学习模式如图 6-1 所示。

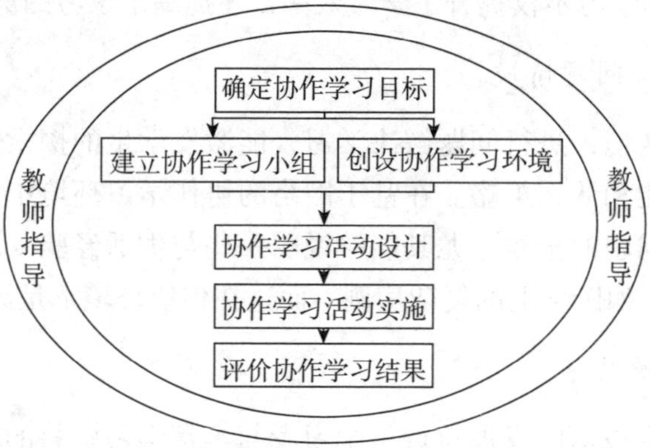

图 6-1　基于网络环境的协作学习模式

（一）确定协作学习目标

在构建基于网络环境的协作学习模式时，首先要对即将开展的学习内容进行选择，选择适合运用协作学习开展的学习体系，确定小组协作学习的整体目标。整体目标的设定应具备明确性和可度量性，以便于后续的实施和评估。在整体目标确定之后，需要根据学习内容的特性和学生的个体发展需求，将其分解为更具体和可操作的子目标，或提出学习者的个人目标。在这个过程中，要确保个人或子目标与整体组目标之间联系紧密，特别是个人目标要成为实现整体目标的必需因素，这不仅有助于促进学生的自主学习和个人发展，还能激发他们参与协作学习的积极性。

协作学习目标的设计不应仅限于特定课程或知识领域，而是要有广泛性，能够整合相关的学习内容，以促进学生在应用、分析和评价等高层次认知目标的实现上取得进步。因此，目标设置阶段应重点考虑如何在明确特定

核心内容的同时，有效地融合相关领域的知识和技能，从而推动学生的全面发展和综合素质的提升。

（二）建立协作学习小组

基于网络的协作学习是一种以小组为单位的学习方式，每个学习者都处在特定的团体中，都有特定的协作伙伴，因此科学合理地组建学习小组是实施网络化协作学习的必要前提，也是保证学习顺利开展的关键要素。协作学习小组的组建可以由教师指定，也可以允许学生在明确的学习目标指导下自由协商。在学生自由组合时，教师要给予适当的指导和帮助。

常见的协作小组有以下几种分组方式。

1. 异质分组

异质分组是将具有不同能力、经验或背景的学生组合在一个小组里。这种分组方式鼓励知识和技能的共享，利用每个成员的优势，促进全组的学习。异质分组能够满足不同学生的学习需求，帮助他们从他人的视角看问题，增进相互之间的理解和合作。

2. 同质分组

同质分组是将具有相似能力或技能的学生组合在一起。这有助于创建一个共同基线的学习环境，学生可以在相似的能力水平上共同进步，减少能力差异带来的压力和挫败感。

3. 就近分组

就近分组通常是基于学生的地理位置或班级进行分组。这种方式方便协作的组织和管理，能够利用学生之间的已有关系和亲近感，快速建立协作小组，有利于及时的沟通和反馈。

4. 分层分组

在分层分组中，学生根据他们的能力或技能水平被分配到不同的层次。这种分组方式可以确保每个层次的学生获得适当的挑战和支持，有助于个人能力的发展和提升。

5. 自由搭配

自由搭配允许学生根据他们的兴趣、关系或共同目标自由选择小组成员。这种自由组织的方式有助于增强学生的归属感，能够促进学生积极参与和进行创造性学习。

每种分组方式都有其独特的优势和应用场景，选择哪一种方式取决于学习目标、学生的特点和实际情况等因素。在实施过程中，可以灵活运用和调整，甚至可以将不同的分组方式结合使用，以达到最佳的教学效果。

（三）创设协作学习环境

良好的学习环境不仅能够满足学生学习的基本需求，还能促进小组成员之间融洽、多元的协作关系的形成，增强集体归属感。一个完备的学习环境通常包括硬件环境、软件环境和资源环境。

硬件环境是协作学习的基础，主要包括学生和教师所需的计算机和计算机网络，确保信息和资源的流通和共享。软件环境涵盖了各类支持协作学习的软件工具，如腾讯会议、钉钉、微信、QQ、留言板和搜索引擎等。这些软件工具能够协助学生进行有效沟通、协作和信息检索，提升学习效率和质量。资源环境是协作学习环境中的重要组成部分。其设计应围绕学生的需求，提供丰富、多样的教学资源。理解网络资源的特点是设计资源环境的关键，这需要教育者具备筛选、整合和优化网络资源的能力。有条件的学校可以将精选的资源下载到校园网的资源中心，学生可以根据自身的学习需求和知识掌握的阶段，从资源库中检索和使用所需的信息资源。

（四）协作学习活动设计

在协作学习活动设计过程中要考虑每个学习者的具体情况，并根据协作学习中的个人目标或者子目标的序列关系，选择协作学习活动。常用的协作学习活动有课堂讨论、角色扮演、竞争、协同、伙伴等。

1. 课堂讨论

课堂讨论是一种常见的协作学习活动，它鼓励学生在开放和多元的环境中自由地表达意见、分享观点和交换思想。在这种活动中，教师常常扮演引导者的角色，提出问题或主题，引领学生展开深入的讨论。学生则被鼓励提出自己的观点，听取并思考他人的意见，通过互动和交流，深化对知识和问题的理解，拓宽思维视野。

课堂讨论特别适用于处理复杂、开放性的主题和问题，它在以下情境中尤为有效：第一，当学生需要深化对某个主题或概念的理解时，课堂讨论可以帮助他们从不同角度和视角探讨问题，进一步加深理解。第二，对于需要培养学生批判性思维的课程或主题，通过课堂讨论，学生可以评估、分析和挑战不同的观点和论据。第三，当面临复杂问题时，课堂讨论能够集合群体智慧，共同探讨和寻找解决方案。第四，在探讨价值观、道德和伦理问题时，课堂讨论提供了一个开放和尊重的环境，让学生能够自由表达并反思自我和他人的观点。第五，对于涉及社会、文化和全球问题的主题，课堂讨论能够帮助学生了解多元文化和多样性，培养全球意识和公民素养。

2. 角色扮演

这种活动通常有两种不同的形式：一是师生角色扮演，二是情境角色扮演。在师生角色扮演中，学生和教师有机会互换角色，实验不同的学习和教学经验。学生可以扮演教师的角色，感受教学的责任和挑战，这有助于他们加深对教学过程和教师工作的理解。同时，教师成为学生，能更好地理解学生的需求和挑战，这有助于优化教学方法和策略。师生角色扮演推动了教育者和学生之间的相互理解，有助于建立更加平等、开放的教学关系。

情境角色扮演通常在一个特定的情境中进行（可能是虚拟情境），学生扮演不同的角色，通过实际操作和互动来探索和学习。这种角色扮演有助于学生沉浸在具体的学习情境中，实践和体验相关的知识和技能。例如，在一个模拟的商业环境中，学生可能需要扮演经理、客户、供应商等不同角色，通过互动来解决实际问题。情境角色扮演促进了学生的实践能力和创新思维的发展，帮助他们将理论知识应用于实际情境中，获得深层次的学习体验。

3. 竞争

竞争指两个或多个学习者针对同一学习内容或学习情境，通过网络进行竞争性学习，看谁首先达到教学目标的要求。由于学习者的竞争关系，学习者在学习过程中，会很自然地产生人类与生俱来的求胜本能，所以学习者在学习过程中会全神贯注，更容易取得良好的学习效果。在设计这种协作学习活动时，教师需要根据学生的能力和兴趣，恰当地选择竞争对象和主题。这不仅可以保持学生的兴趣和动力，还能避免因能力差异导致的受挫感。一个恰当的竞争主题能刺激学生的学习热情，利用他们的竞争心理推动更深层次的学习。同时，教师需要向学生强调，虽然有竞争，但小组成员之间的努力是相互促进的。竞争结果不仅是个人取得胜利，其他成员也会受到激励以达到更高的水平。这种健康的竞争关系能在小组内形成正反馈，推动整个团队的发展和进步。

基于竞争的网络协作学习，一般是由学习系统先提出一个问题，并提供学生解决问题的相关信息。学习者在开始学习时，先从网上在线学习者名单中选择一位竞争对手（也可以选择计算机作为竞争对手），并协商好竞争协议，然后开始各自独立地解决学习问题。在学习过程中，学习者可以看到竞争对手所处的状态以及自己所处的状态，学习者可根据自己和对方的状态及时调整自己的学习策略。

4. 协同

协同是指多个学习者共同参与解决问题、完成学习任务。每个学习者根据自身的认知特点和技能发挥自身的作用，可能通过相互争论、帮助、提示或分工合作来推进学习进程。这种紧密的互动和协作促使学生在交流和反思中深化对学习内容的理解。

在基于计算机网络，特别是互联网的环境下，协同学习得到了进一步的拓展和加强。学习者可以通过网络平台参与到系统呈现的同一问题中，他们的交流和协作主要在公共工作区中进行。解决问题通常需要学习者紧密合作，进行明确的分工和协调。在这个过程中，学习者不仅要讨论和交换观点，还要共享集体的智慧，共同构建知识和解决方案。

这种协同学习活动允许学生选择最有效、最合适的合作方式，不受固定模式和结构的限制。这种自由度和灵活性使得学生能够根据任务的性质和自身的特点，创造性地开展协作，实现更高质量的学习成果。在这种环境下，学生的学习是主动的，他们在实践中不断探索、反思和调整，培养了深层次的学习能力和协作技能。

5. 伙伴

在现实生活中学生常常与自己熟识的同学一起学习。没有问题时大家各做各的，当遇到问题时，便相互讨论，从别人的思考中得到启发和帮助。伙伴学习活动与此类似，它可以使学生在学习过程中感觉到自己并不是孤独的，而是有一位伙伴，两人可以互相支持、互相帮助，当一方遇到问题时，他可以与另一方讨论。由于个人的思考范围有限，如果在学习过程中能和伙伴相互交流、相互鼓励将达到事半功倍的效果。网络条件使得学生有更多可供选择的学习伙伴，而且具有更便利的条件。在这种系统中，学习者通常先选择自己需要学习的内容，再通过网络查找正在学习同一内容的学习者，选择其中之一，经双方同意结为学习伙伴。当其中一方遇到问题时，双方便相互讨论从不同角度交换对同一问题的看法，相互帮助和提醒直至问题解决。当他们觉得疲倦的时候，还可以在聊天区闲聊一会儿，使得学习过程不再枯燥和孤单，而是充满乐趣。

（五）协作学习活动实施

协作学习活动实施环节是将前期设计的学习活动付诸实践的阶段。在这一阶段中，虽然学生主要依据既定的学习计划开展学习，但灵活调整也是必要的。学生可以根据小组的实际需求、个人学习需求以及教师的反馈和建议，对前期的学习计划进行调整和优化，确保学习活动的有效实施。

教师在协作学习活动实施阶段发挥的作用主要是指导和督导。虽然他们不直接介入学生的具体学习过程，但是需要监督和指导小组协作学习的进展。教师可以通过检查学习进度和成果，分析学生的学习效果和协作质量，提供有针对性的反馈和建议。微信、电子邮件等通信工具为教师提供了便捷的途径，使他们能够及时布置作业，检查学生的完成情况，引导小组讨论和反思，深化学生的学习和理解。

（六）评价协作学习结果

学习评价是检验学习是否达到目标、促进和完善协作学习活动的重要环节。对学习结果的评价应采用多种形式，促进全面真实的评价。要做到评小组与评个人，他人评与自己评，组内评与组外评相结合。当小组的学习阶段完成后，教师要对每个小组的学习成果进行及时、全面的评估。评估方法多种多样，既可以包括传统的考试和测验，衡量学生对知识和技能的掌握程度，也可以通过新型的评价方式，如成果展示和任务完成情况，来考查学生的实际操作能力和创新思维。除了教师的评价，小组之间可以采用质疑的方式开展互评与自评，成员间也可以开展互评与自评。

（七）教师指导

教师指导作用并不是针对某一特定环节，或者某一特定工作，而是贯穿于从准备到实施再到评价的整个过程，在每个环节中教师都能体现指导作用，教师虽然不直接参与学习者的具体学习过程，但是要随时监控学习进程，以保证学习的顺利进行，从而保证良好的学习效果。

第三节　基于问题的信息化教学模式构建

一、基于问题的信息化教学模式概述

（一）基于问题的信息化教学模式的概念

基于问题的信息化教学模式是信息化环境中的一种以问题为驱动、以培养学生的问题意识、批判性思维习惯、生成新知识能力以及独立学习能力和团队合作品质为宗旨和目标，强调学生学习的主体参与性的教学模式。该模式属于探究式教学模式的一种，以学生为主体。

（二）基于问题的信息化教学模式的特征

1. 学生的探究活动是在教师预先设计好的具体步骤中展开的

在基于问题的信息化教学模式中，学生的探究活动不是自发无序地进行，而是在教师精心设计和规划的具体步骤和路径中展开的。新的知识不是直接传递给学生，而是被巧妙地融入一个或多个具体问题中，学生通过分析和讨论这些问题，不仅能够明确所需掌握的新知识，还能够识别和解决相关问题。在这一过程中，教师扮演着关键的指导和帮助角色，他们不仅要提供必要的指导，还需要帮助学生寻找和采用合适的方法来解决问题。学生在这一基于问题的探究过程中逐渐建构和形成对新知识的理解，实现深层次的学习和认知发展。

2. 学生通过探究活动获得新知识并培养科学探索的能力

探究教学不是先将结论直接告诉学生，再让学生加以验证，而是让学生通过各式各样的探究活动，诸如观察、调查、制作、收集资料、上机设计等亲自得出结论，使他们参与并体验知识的获得过程，建构起对知识的新认识，并培养其科学探索的能力。

3. 基于问题的探究式教学注重从学生已有的经验出发

该教学模式强调，学生的学习并非从零开始，而是建立在他们已有的知识和经验基础之上。学生的先前经验对他们当前的学习有深远的影响。因此，教学应该从学生的实际知识和生活经验出发，与他们的实际情境相连接。这样能激发学生的学习兴趣和积极性，使他们在学习中更加主动和积极，也更容易达成预定的学习目标和效果。

4. 基于问题的探究式教学模式重视形成性评价和学生的自我评价

基于问题的探究式教学模式对教学评价要求较高，如它要求评价每一名学生理解哪些概念，能否应用知识解决问题，能否设计并实施探究计划，能否独立完成问题，小组协商、参与态度是否积极等。要弄清这一切，单靠终结性评价验证是难以实现的。该模式在重视终结评价的同时，也很重视形成性评价，还注重学生的自我评价和师生互评。

5. 基于问题的探究式教学模式重视协作学习

在该模式中，学生常通过小组或团队的方式进行学习，他们共同制订计划、调查和收集资料，通过讨论和争论来综合意见和知识。这种协作学习不仅能促使学生从不同的角度和视野去理解和探讨问题，还能培养他们的团队协作和交流能力，增强他们的社会和情感技能。

二、基于问题的信息化教学模式的流程

（一）学习者特征分析

在基于问题的信息化教学模式中，学习者特征分析是一个关键步骤。每个学生都是学习的主体和意义的主动建构者。学习者的个体差异决定了他们在同一教学环境下的不同反应和学习结果。因此，教师需要深入了解每个学

生的个人特征，以实现更个性化、有效的教学。

学习者特征分析包括智力因素和非智力因素。智力因素主要包括学生的知识基础、操作能力和认知结构。教师需要探索学生已有的知识和技能，分析他们的认知能力和学习风格，以设计适应各种能力和知识水平的学习任务和环境。非智力因素涵盖学生的兴趣、动机、情感、意志和性格等。这些因素影响学生的学习参与度、学习态度和学习效果。教师需要关注学生的兴趣和动机，激发他们的学习热情，同时也需要关注他们的情感和意志，帮助他们克服学习中遇到的困难和挑战。

对学习者的分析，主要目的是设计适合学生能力与知识水平的学习问题，提供合适的帮助和指导，设计适合学生个性的情境问题与学习资源。

（二）教学目标分析

教学是促进学习者朝着目标所规定的方向产生变化的过程，它贯穿于教学活动的始终。分析教学目标是为了确定学生学习的主体，首先，要考虑“学习者”这一主体。教学目标不是设计者或教学者施加给学习者的过程，而是从学习者的学习过程中来的。其次，尊重学习主体的内在逻辑体系特征。因此，教师在课前备课时要分析本课的教学目标，确定教学的核心问题，明确学生需要探究什么、领悟什么。

（三）学习内容特征分析

学习内容是教学目标的知识载体，为了确保学生能够通过解决问题的过程达到学习目标，教师需要深入分析学习内容。这包括明确具体的知识内容、知识内容的结构关系以及知识的类型。通过这种深入的分析，教师能够确保所设计的问题能够体现和达成教学目标。

（四）问题设计

在基于问题的探究式学习中，问题的设计是核心，它使学习者明确了目标和路径，引领学习过程。问题不仅构成学习的中心，还应驱动学习者的探究动力，激发其主动求知欲望。问题设计需要确保学习者在解决问题的过程中能达到预定的教学目标。此外，学习情境设计也是关键因素，能将问题嵌入实际的任务环境中，促使学生的知识和能力得到迁移和应用，加深对问题的理解，推动可行方案的形成。

（五）学习资源设计

学习资源是指提供与问题解决有关的各种信息资源（包括文本、图形、声音、视频和动画等）以及从互联网上获取的各种有关资源。学生的自主探究学习需要在掌握大量信息的基础上进行，所以必须在学习情境中嵌入大量的信息。丰富的学习资源是学生学习的一个必不可少的条件。另外还要注意怎样才能从大量信息中找寻有用信息，避免信息污染，因此教学设计中要建立系统的信息资源库，提供引导学生正确使用搜索引擎的方法。

（六）提供认知工具

认知工具在学习过程中起到支持、指引和扩充学习者思维能力的作用。在基于网络的学习环境中，计算机和通信网络成为重要的认知工具。学习者通过这些工具进行信息和资源的获取、处理、编辑和制作等活动。认知工具不仅帮助学习者表征和展示自己的思想，还能替代部分思维过程，支持与他人的协作学习。这样的工具是学习者在现代信息技术学习中不可缺少的辅助设备，有助于深化学习和知识建构。

（七）学生探究学习

课堂上教师引导学生围绕问题进行探究以获得更深的领悟。具体的探究活动一般又可分为几个阶段：第一阶段是思维探究。在这个阶段，教师可以通过预览或简单的提示来激发学生的初步思维。学生被鼓励思考、提出问题和假设，这是建立探究基础的关键步骤，为后续的探究活动奠定基础。第二阶段是实践探究。学生将独立探索和发现，利用技术工具，如计算机和互联网，来寻找信息和解决问题。这个阶段强调学生的自主学习和发现学习，学生通过实践操作和实验，验证自己的假设，获取和构建新的知识。第三阶段是应用探究。学生会根据自己“发现”的知识，经过实践研究，来完成特定的任务。这一步可以通过个人探究或小组协作的方式来进行。学生将应用他们的新知识和技能，将理论与实践相结合，验证知识的可用性和有效性。

在整个过程中，教师需要提供适当的引导，确保学生在探究过程中保持目标清晰，避免偏离轨道。同时，教师还需要评估学生的探究过程和结果，提供必要的反馈，帮助他们不断优化探究策略，深化知识理解。

（八）成果展示，师生互评

这是非常关键的一步，通过示范或成果展示，可以了解本堂课或此阶段探究学习的效果。学生个人探究学习效果，可以用转播示范的方法让他们示范给其他同学。如果是小组合作或个人完成的电子作品（如网页、Word 文档、PPT、动画等），也要转播展示给全班同学，但在评价时要注意以下几点。

一是要实现评价形式多元化，既要进行终结性评价，更要开展过程性评价。此外，教师还可以让学生在小组协作研究过程中记录一些相应的原始数据，例如，记录一些资源网站，一些图片、动画的来源，文稿的始创等。

二是要实现评价内容多元化。不仅要注重作品的精美程度或技术程度，如图片清晰度、色彩搭配、排版布局、技术含量等，还要注意电子作品的选题、创意等方面。

三是要实现评价主体多元化。特别是对小组协作的作品评价，教师要让学生个体、小组等都成为评价主体，可以小组自评、小组互评、教师评价。

（九）总结与强化练习

适时地进行教学总结可有效地引导学生将自学、零散的知识系统化。但总结时不能太细，可简明扼要地串讲知识体系，否则会重蹈传统教育的覆辙，限制学生的思维。总结之后，应为学生设计出一套可供选择并有一定针对性的补充学习材料和强化练习，巩固所学知识。练习是培养学生能力、发展智力的有效措施之一。课堂上的巧“练”更能激发学生的探索兴趣，同时又为学生提供了再探究的机会，通过练习，一方面可以反馈学生的学习情况，另一方面为完成形成性评价提供了合适的评价内容和评价时机。

第四节　翻转课堂教学模式构建

一、翻转课堂教学模式概述

翻转课堂这一概念，源自教育界对传统课堂教学方式的反思和改革。在传统的教学模式中，教师在课堂上讲授理论知识，学生在课堂外进行练习和作业。而翻转课堂的教学模式，则将这一过程进行了“翻转”，即在课堂外通过网络等方式学习理论知识，而在课堂上进行互动、讨论、解决问题等活动，使课堂成为学生互动学习、深入理解和应用知识的场所。图 6–2 直观地显示了翻转课堂与传统课堂的区别。

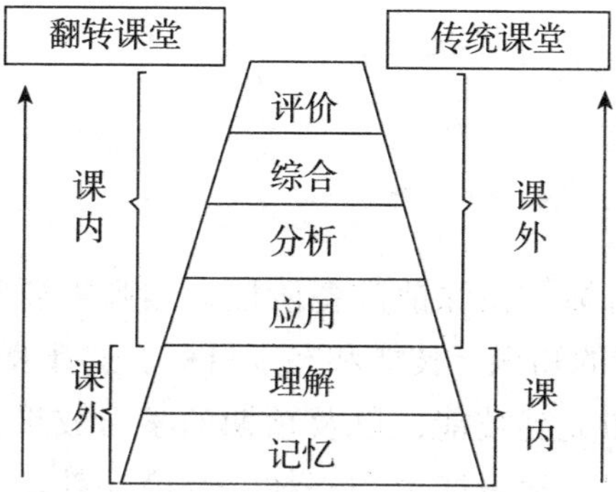

图 6–2　翻转课堂与传统课堂的区别

翻转课堂的核心理念是以学生为中心，强调学生的主体性和积极性，倡导自主学习、协作学习和深度学习。在这一模式中，学生不再是被动接受知识的对象，而是主动参与学习的主体，他们通过课前预习提前掌握理论知识，然后在课堂上与教师和同学们进行深度的讨论和探究，解决实际问题，从而深入理解和运用知识，提高学习的效果和质量。而教师的角色也从传统的讲授者转变为学生学习的引导者和辅助者，他们主要通过设计和组织学习活动，提供学习资源，引导学生进行深度学习，帮助他们解决学习中遇到的问题。

翻转课堂教学模式的意义主要表现在以下几个方面。一是改变了课堂的教学方式，使课堂更具互动性和参与性，增强了学生的学习兴趣和学习动力。二是提升了学生的自主学习能力，使他们能够主动探究和思考，养成自主学习和终身学习的习惯。三是强调了深度学习，使学生能够深入理解和运用知识，提高了学习的效果和质量。四是提升了教师的教学能力，使他们能够更好地满足学生的学习需求，提供高质量的教学服务。五是利用了现代信息技术，拓宽了教学资源的来源渠道，丰富了教学手段，提高了教学效率。因此，翻转课堂教学模式是教育信息化条件下的一种重要的教学改革和教学创新方式，对于提升教育教学的质量和效果，促进教育公平，培养符合社会需求的高素质人才具有重要的意义。

二、翻转课堂教学模式的重构

笔者对信息化教学背景的翻转课堂教学模式进行了重构，主要包括以下几个教学过程。

（一）课前准备

1. 教师活动

（1）分析教学目标。在课前准备阶段，教师需要深入探讨并明确学生通过本课程需要达成的知识、技能和态度目标。这涉及对课程内容的精准解析，确定核心概念和关键技能，以及预期的学习成果。教师在这一阶段要考虑学生的已有知识、学习能力和兴趣，以确保教学目标的针对性和可实现性。同时，这一过程还需结合课程标准和评估标准，以确保教学目标的明确性、可衡量性和相关性。教师的这一步骤将为后续的教学内容准备、教学策略选择和评估方法确定奠定坚实的基础，这是确保翻转课堂成功实施的前提。在信息化教学背景下，教师需要充分利用技术工具和资源来帮助进行教学目标的分析和明确，使之更具科学性和准确性。

（2）制作教学视频。翻转课堂教学中运用视频传递知识。教师可以自己录制教学视频，也可以运用他人制作的教学视频或网上的视频资源。教师制作教学视频的步骤如下。

①视频录制。在视频录制阶段，教师需要对教学内容进行深入研究和整理，确保每一个知识点都能清晰、准确地呈现。选择一个安静、光线充足的环境，利用专业的摄像设备或高质量的智能手机进行录制。在视频内容方面，教师需要保持语言表达清晰、逻辑严密、内容精练，尽可能地用简洁明了的语言解释复杂的概念。同时，应注意视频的时长，避免因视频过长导致学生的注意力分散。在整个录制过程中，教师需要充分展示自己的专业素养和教学能力，确保视频质量。

②编辑视频。视频编辑是制作教学视频的关键步骤之一。在这一阶段，教师需要利用专业的视频编辑软件，对录制的视频进行剪辑、调整和优化。可以通过剪切、合并、加入动画、添加字幕及文字注释等方式，使视频更加生动有趣，内容更加丰富、结构更加清晰。视频中的每一帧都要精心设计，每一句话都要表达准确，每一个细节都需要注意。通过编辑，教师需要确保视频能够准确、有效地传递教学内容，帮助学生更好地理解和掌握知识。

③发布视频。发布视频阶段是教学视频从制作到实际应用的关键一步。教师需要选择合适的平台和方式，将编辑好的视频发布给学生。教师可以选择学校的在线教学平台、公开的视频分享网站或者其他合适的媒介。在发布时，需要注意视频的格式和质量，确保学生能够顺利播放和观看。同时，教师还需要考虑视频的安全和隐私设置，保护学生和教师自身的权益。发布视频后，教师需要与学生保持沟通，收集学生对视频的反馈，以便不断优化和完善教学视频。

（3）布置课前任务单。任务单是指导学生进行学习的重要工具，可以帮助学生明确学习目标，厘清学习思路，提高学习效率。教师布置的课前练习题要与教学视频中的知识有关，目的是让学生巩固从视频中学到的知识，发现自己的问题，以便带着问题上课。教师要合理布置课前练习题，包括题目的数量和问题的难度，具体要以“最近发展区理论”为依据，通过对练习题的合理设计，让学生通过完成练习来掌握新知识，巩固与深化新知识。

2. 学生活动

（1）观看教学视频。在翻转课堂模式中，学生课前的主要任务是通过观看教学视频，为课堂活动做准备。学习基础良好的学生，可以快速地吸收视频中的内容，一次性地理解和掌握核心概念，形成对教学内容的整体认识。而学习基础相对薄弱的学生，可以借助暂停、回放等功能，通过反复观看来深入了解和消化教学内容。观看教学视频的过程也是一个自我调整和学习优化的过程。学生可以根据自我评估，记录下不明白或不清晰的部分，带着具体问题进入课堂，使课堂学习更有针对性和更高效。每个学生都有机会在自我调控的学习环境中，以自己的节奏和方式进行学习，这有助于最大限度地挖掘每个学生的潜能。

（2）完成课前练习题。学生观看视频后可以进行适量练习，这不仅有助于巩固和应用新学到的知识，还能为即将到来的课堂互动和讨论做好准备。通过练习，学生可以更好地掌握知识点，提前发现和解决可能出现的问题，充分准备好积极参与课堂讨论。这一阶段的练习也有助于教师了解学生的学习进度和掌握情况，以便为每个学生提供个性化的支持和指导。在这个过程中，学生的自我学习能力和自我管理能力都会得到提升，他们学会了自我评估，并能够自我调整学习策略和方法，从而更高效地掌握课程内容。

（二）课中教学

1. 确定问题，交流解疑

学生在观看教学视频和完成练习的过程中，会遇到各种问题和困惑。这些问题或者涉及对视频内容的理解、知识点的掌握，或者是练习题的解决方法。在课中教学阶段，教师可以通过各种方式收集学生在课前学习中遇到的问题，并在课堂上进行详细解答。学生也可以把自己的困惑和问题表达出来，与教师和其他同学共同探讨。这不仅帮助他们解决了具体的学习问题，还促进了他们的思维能力和问题解决能力的发展。同时，这样的互动和交流也加强了学生与教师、学生与学生之间的连接，建立了一个共同学习和共同探索的学习社群，提升了学习的深度和广度。在这个过程中，学生的主动学习和自我探索能力得到了锻炼和提升，为他们的终身学习奠定了基础。

2. 独立探索，完成作业

在明确了问题和解答了疑惑的基础上，教师可以提出更深层次的问题，布置相关作业，并让学生独立完成。在这个阶段，每个学生都需要在自我思考和实践中去理解、掌握和运用新知识。完成作业不仅是对学生知识理解的检验，也是对他们逻辑思维、分析能力和解决问题能力的检验。在这个过程中，学生需要学会如何独立分析问题，如何查找和利用资源，如何将理论知识与实际问题相结合，以及如何有效地表达和传达自己的想法和观点。这个独立探索的过程也是学生自我认知和自我提升的过程。他们将面临各种挑战和困难，需要学会自我调整和自我激励，形成自我学习和自我发展的良好习惯。

3. 合作交流，深度内化

学生的知识体系是在独立探索和独立学习的过程中不断形成与完善的。但是学生还需要通过与教师和其他同学的交流与合作来完成知识的深度内化。

交往是社会个体之间相互作用的直接方式。交往行为指的是主体之间通过符号相互协调的过程，它以语言为媒介，通过对话，达到相互理解和一致。交往学习是学生在与他人对话、讨论、争论、交流等学习活动中开展的学习过程。交往学习是学生实现自身发展的有效途径。参与式学习、合作学习和团队学习均能取得良好的学习效果。

在翻转课堂教学中，教师可以根据教学需要和教学目标，将学生划分为数量均等的小组。每个小组成员在完成个人独立学习和探索后，可以在小组内分享自己的知识理解和学习体会，也可以通过听取小组成员的观点，解决个人学习中遇到的问题，丰富自我认知，从而达到深化和拓展知识理解的目的。当然，在小组合作交流的过程中，教师也应该加入，参与探讨，融入小组合作，及时解决学生在合作学习中遇到的问题，对学生在小组学习中形成的错误认知，及时引导其澄清。

4. 成果展示，分享交流

学生在经历独立探索和小组合作学习之后，通常会取得一系列的学习成果。这些成果是学生对知识的掌握和理解的体现，也是他们思考和创新能力的直观呈现。为了让学生有机会分享他们的学习成果，教师会组织各种形式的展示活动，如展示会、报告会、小型比赛或辩论赛等。在这些展示活动中，学生有机会向同学和教师展示他们的学习成果，分享他们在学习过程中遇到的挑战、所采用的解决策略和最终的学习收获。这种展示和分享不仅能加深学生对知识的理解，激发他们的学习兴趣，也有助于培养他们的自信心和公共演讲能力。同时，其他学生通过观摩和听取展示，也能从中获得启发，对自我学习有所反思，从而达到相互学习、共同进步的效果。

在成果展示环节，教师要创设良好的课堂环境，要营造民主平等、自由和谐的氛围，并适时对学生的交流活动进行调控。在学生展示成果的过程中，教师要进行适当的点评，对学生的表现给予肯定和建议，帮助学生明确自己的长处和不足，进一步指导他们改进学习策略，优化学习方法，从而达到更高质量的学习效果。同时，可以通过观察和分析同伴的学习成果，吸收其优点，学习其方法，反思自我，从中发现自身的不足和需要改进的地方。

（三）课后阶段

1. 课后测试

课后测试旨在评估和巩固学生在课前和课中阶段所学的知识和技能。通过具有针对性的测试，教师可以清晰地掌握学生的学习情况，了解他们对课程内容的掌握程度，从而进行个性化的教学调整。学生通过课后测试，可以及时反馈他们的学习效果，找出自身的学习盲点和不足，为下一步的学习做出调整和准备。课后测试包括对知识的考核，是对学生分析、判断、解决问题能力的测试，其帮助学生将所学知识应用于实际问题中，实现知识和技能的转化。这一阶段对教师和学生都是一个反馈和调整的过程，为不断优化教学和学习提供了有力的数据支持。

2. 总结反思

总结反思阶段是学生对整个学习过程和学习成果进行回顾和思考的阶段。每位学生需要深入分析自己在课程中的表现，明确自我学习的长处和不足，评估个人目标的实现程度。这个过程不仅是对知识的反思，更是对自我学习态度、方法和策略的一次全面审视。教师也会参与其中，通过学生的反馈，了解教学方法和内容是否有效，是否实现了预定的教学目标。这样的互动不仅帮助学生明确自我提升的方向，还为教师提供了改进教学的参考。

3. 拓展学习

拓展学习为学生提供机会去深入探索课程内容以外的相关主题和领域。在课堂学习的基础上，可以鼓励学生去挖掘更多的知识，扩展视野和理解，提高学习的深度和广度。这一阶段，学生可以自主选择学习资源和路径，包括但不限于阅读推荐的文献、参与在线课程、加入学术讨论等，从而不断丰富和完善自己的知识体系。教师在这个过程中起到引导和支持的作用，帮助学生找到高质量的学习资源，解决学习中遇到的问题。拓展学习不仅促使学生与更广泛的学术社群和知识网络连接，还有助于培养学生的自主学习、批判性思维和创新能力。

第七章　高校信息化教学环境建设

教学环境是影响教学活动的各种条件的总和，包括显性环境（如学校中的物理设施）和隐性环境（如教学氛围、教学规范、人际交往氛围等）。信息化教学环境则是指运用现代教育技术所创设的教学环境，是教育技术条件下硬件环境、时空环境等显性环境和文化、心理等隐性环境的总和。进一步来说，信息化教学环境有广义和狭义之分，广义的信息化教学环境是指信息化社会中与教育教学有关的各种要素所构成的教学环境，狭义的信息化教学环境则是指开展信息化教学的硬件环境。[①] 本章从广义的角度着手，主要探讨以下四种信息化教学环境的建设：信息化教学硬件环境、信息化教学软件环境、信息化教学人文环境和信息化教学师资队伍。

第一节　信息化教学硬件环境建设

信息化教学硬件环境是教育现代化的基础，是开展信息化教学的前提和条件。根据教育应用的地理范围，可以将信息化硬件环境分为教室层次（多媒体教室、智慧教室等）、校园层次（校园网）、教育城域网层次和互联网层次四种类型。本节主要介绍教室层次的信息化硬件环境建设。

① 陈琳．现代教育技术 [M].2 版．北京：高等教育出版社，2014：93.

一、多媒体教室建设

（一）多媒体教室简介

1. 多媒体教室的概念

多媒体教室是由多媒体计算机、投影仪、投影屏幕、视频展示台、音响设备、中央控制系统等现代教学设备组成的教学场所。多媒体计算机及网络是演示系统的核心，负责教学软件的运行和课件的播放；投影仪和投影屏幕是教学信息输出的主要设备；视频展示台可以进行实物、图书资料和图片的投影；音响设备实现音频的播放；中央控制系统用系统集成的方法，将多媒体教室中的所有设备操作集成在一个平台上，实现对多媒体教室中所有设备的管理和控制。

2. 多媒体教室的功能

（1）连接电视闭路系统。多媒体教室通过连接电视闭路系统，可为学生提供直观、生动的学习体验。教师可以利用这一功能，实时展示相关教学视频或图像，使抽象的知识内容变得具象和直观。此外，电视闭路系统还能使教师进行现场演示或实验，全班学生可以清晰地观看，增强了学习的实效性和参与感。

（2）连接校内外网络。多媒体教室与校内外网络的连接为教师提供了无限的教学资源。教师能够轻松访问互联网上的资料，将最新的信息和知识融入课程，增强教学内容的时效性和吸引力。学生也能在教师的引导下，利用网络资源进行自主学习和探究。

（3）演示各类教学课件。多媒体教室支持各种格式的教学课件，无论是文字、图片还是视频动画，都能清晰呈现。这使得教师可以用丰富多样的媒体形式呈现教学内容，满足不同学生的学习需求，增加课堂的活跃度，激发学生的学习兴趣。

（4）播放教学视频，分析问题。通过播放教学视频，学生可以多角度、多层次地理解知识点。教师可以随时暂停、解释和分析，帮助学生更深入地理解。学生也能通过视频回放，进行自我评价和自我纠正，提升学习效果。

（5）创设教学情境，激发学生学习兴趣。多媒体教室可以轻易创设各种教学情境，通过视觉和听觉的刺激，激发学生的学习兴趣。教师可以根据教学内容设计情境，引导学生进入角色，进行小组合作和讨论，培养学生的实践和协作能力。

（6）利用计算机网络技术实现远程的音频、视频传输。这一功能使得多媒体教室不只是一个局限于校园的学习空间。教师和学生可以通过网络实时与外界的专家和学者交流，获取第一手资料，实现教学资源的全球共享。这大大拓宽了教学的视野，提升了教学质量，也拓宽了学生的国际视野。

（二）多媒体教室的总体设计

从总体设计考虑，多媒体教室线路的连接要兼顾控制信号、四种信息的传输、三条通道、两路电源的电路设计。控制信号实现对各种媒体和设备进行总控，如控制电动投影屏幕的升降。四种信息的信号即计算机信号、视频信号、音频信号（包括计算机声卡输出的音频信号）、网络信号。在教室设计时要充分考虑这四种信号的连接与使用。三条通道即与因特网（或局域网、校园网）相连的通道、与卫星电视相连的通道、与校园闭路电视网相连的通道。当然，根据不同的情况，有些多媒体演示教室只有一条或两条通道。两路电源即多媒体设备电源和照明、空调电源。照明、空调电源可以另外铺设，讲台的照明电源和学生座位照明电源应该分开控制，不少多媒体教室的设计忽略了这一点。无论从安全还是使用方便程度来讲，尽量采用多路电源，有条件的话还可以将动力电源与照明电源分开。

（三）多媒体教室的设备配置

依据教学媒体数量多少、教学功能差异、媒体质量高低的不同，多媒体教室大致可分为三种类型：简易型、标准型、多功能型。不同类型的配置如表 7–1 所示。

表 7–1　不同类型多媒体教室的基本配置

设备名称	数量		
	简易型	标准型	多功能型
投影屏幕	1	1	1
视频展示台	–	1	1
投影仪	1	1	1
多媒体计算机	1	1	1

续表

设备名称	数量		
	简易型	标准型	多功能型
互联网接入设施	–	1	1
中央控制系统	–	1	1
监视系统	–	1	1
录像机	–	1	2~3
功放	1	1	1
音响	1	1	2~3
音视频切换器	1	1	1
无线话筒	–	1	2
无线鼠标	–	–	1
激光教鞭	–	1	1
多功能讲台	–	1	1

二、微格教室建设

（一）微格教室简介

1. 微格教室的概念

微格教室是指在装有电视摄像、录像系统的教室内，借助摄像机、录像机等媒体，进行教学研究和技能训练的教学环境，通常用于师范生和在职教师的教学技能训练。

2. 微格教室的功能

（1）即时反馈功能。微格教室的即时反馈功能对学习过程具有重要意义。该功能确保教师和学员可以立即观察和评估学习和教学效果。学员可以通过录制和现场播放自己的学习表现，实时了解自己的学习状态、进度和存在的问题。这种即时的自我认知推动学员进行自我调整和优化，促进他们的自主学习和自我改进。教师也可以通过这一功能，实时掌握学员的学习情况，调整教学策略，以满足学员的个性化需求。

（2）即时指导功能。无论是师范生，还是在职教师，都可能会出现问题或出现知识上的“盲点”，所以指导人员的即时指导必不可少。即时指导功能确保了学员在遇到问题或困难时，能得到及时的帮助和支持。指导人员能够根据学员的实时表现，提供有针对性的建议和指导，帮助学员克服学习障碍，增强学习效果。这种实时的、个性化的指导方法，有助于深化学员的学习体验，提升学习动力和学习效果。它也让教师能够灵活应对各种学习情境，更好地满足学员的多样化学习需求。

（3）双向交流功能。双向交流包括三个方面：一是本教室学员间的交流，二是各教室学员间的交流，三是指导人员与学员间的交流。通过学员与学员之间、指导人员与学员间的交流，可以让学员进一步认识到自己的不足，从而进一步完善自身。

（4）远程评价功能。远程评价功能拓展了微格教室的评价范围和评价效果。教师不仅可以在本地进行学习评价，还可以通过网络进行远程评价。这种评价方式能够突破地域和时间的限制，实现更广泛、更灵活的学习评价。学员也可以通过这一功能，接受更多元、更丰富的评价反馈，促进他们的自我认知和自我改进。这种网络化、开放式的评价方式，有助于提升评价的效率和质量，推动教学的个性化和优化。

（二）微格教室的建设

1. 微格教室的要求与布局

微格教室主要用于微格教学，而教学组织形式的小组化是微格教学的重要特征，它决定了微格教室的小型化，其面积在 20m^2 左右，能容纳 5~10 名学生。

微格教学要求被训者在真实的教学环境中进行实践活动，因此微格教室是一个具有真实课堂情境的模拟教室。它除了常规的教学设备如黑板、讲台、学生课桌、幻灯机、投影仪等，还要有进行技能学习、实践、评价的现代化视听设备。微格教室应尽量减少外界的干扰，防止受训者受到非智力因素的影响，同时也有利于提高传声器的录音质量。微格教室的地板宜采用地毯或其他软质材料，以减少噪声。微格教室的数量应由待训人员的多少和培训的方式决定。如有多间微格教室，则可建立一个与之分离的控制室，便于对各种设备进行统一控制，避免各种操作对模拟课堂的干扰。如果条件允许，还应为微格教室建立配套的资料室，用于保存教学技能的示范资料和被培训者角色扮演的资料，供指导教师、研究人员教学和研究使用。微格教室的建设可与其他电教用房综合考虑。微格教室视听设备与其他电教设备具有相关性和相似性，因此微格教室的控制室可以和卫星教育电视、闭路电视系统、电视节目制作的控制室合并，把它们有机地联系起来，以形成一个相互关联的网络，还可把微格教室建设成一个多功能的音像资料视听室。

2. 角色扮演室与视听分析室分离的微格教室

这种类型的微格教室是将学生分为两大组，角色扮演小组与视听分析小组轮换场地。配置摄像、录音、播放等设备，角色扮演室可加装单向观察玻璃。角色扮演室与视听分析室分离的微格教室一般由主控制室、资料室、角色扮演室与视听分析室四部分组成，如图 7-1 所示，其中①为主控制室、②～⑤为角色扮演室、⑥～⑨为视听分析室、⑩为资料室。

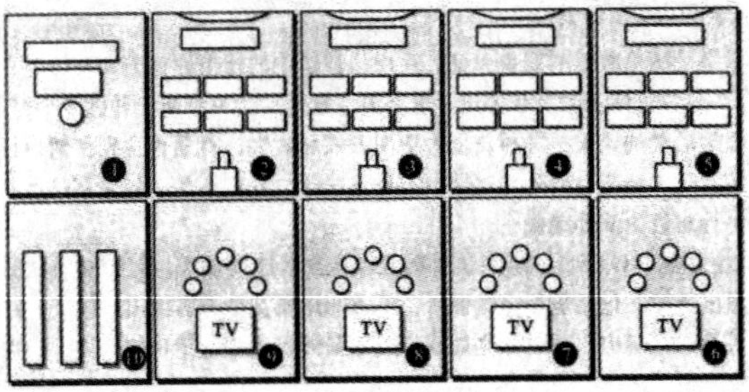

图 7-1　角色扮演室与视听分析室分离的微格教室

3. 角色扮演室与视听分析室合一的微格教室

这种微格教室将角色扮演室与视听分析室融为一体，摄像、录音、播放等先进的音视频设备配置在角色扮演室内，角色扮演室也兼作视听分析室。这不仅能使学生在模拟真实环境中实践和学习，还能让教师和学生有机会通过实时或回放的方式，深入分析和评估学习和表演的效果。角色扮演室与视听分析室合一的微格教室设计如图 7-2 所示，其中①为主控制室、②～⑨为角色扮演室兼视听分析室、⑩为资料室。

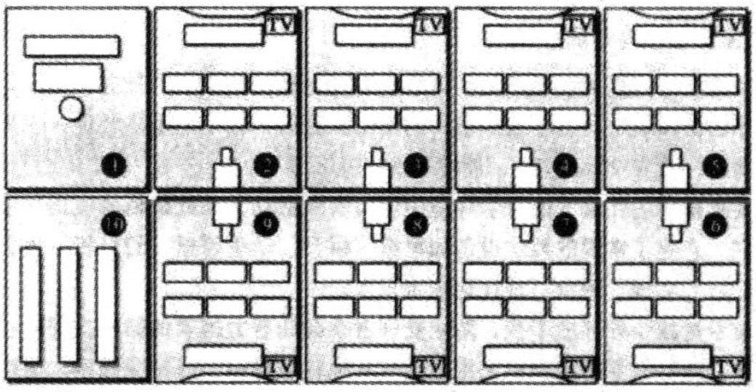

图 7-2 角色扮演室与视听分析室合一的微格教室

4. 数字化微格教室

数字化微格教室是一种融合了先进数字技术的创新教室。它通过集成多媒体、互联网、人工智能和其他数字技术，为学生和教师提供一个互动、灵活、个性化的学习和教学环境。数字化微格教室一般由角色扮演室、控制室和视听分析室三部分组成，如果条件允许，还可以设立示范室。

角色扮演室需要配置如下设备：①高清晰度彩色摄像机：用于捕捉学生的实时表现和互动，确保图像清晰、真实。②万向云台：提供摄像机灵活移动的能力，捕捉不同角度和区域的图像。③云台控制解码器：控制云台的移动和操作，支持精确、快速的摄像机定位。④拾音器：用于捕捉清晰的音频，记录学生和教师的交流和互动。

控制室需要配置如下设备：①硬盘录像机：存储由摄像机捕捉的视频数据，支持长时间、高质量的录像存储。②音视频处理器：负责音视频信号的接收、处理和传输。③同步监视电视墙：实时展示各个微格教室的活动情况，支持教师和管理员的实时监控。④系统控制单元：包括云台控制器和视音频特技机，负责整个系统的操作和控制。⑤视频服务器：管理和提供录像数据的访问，支持远程查看和下载。

视听分析室需要配置如下设备：①联网计算机：提供对录像数据的访问和分析，支持教师和学生的回顾和反思。②大屏幕电视机：展示录像数据，支持集体讨论和分析。

示范室通常用于展示最佳实践和成果，也可以作为培训和演示的场所，支持教育创新和交流。为了使示范室充分发挥其功能，需要配置如下设备：①交互式白板或智能屏：用于实时展示和互动，支持手写和多点触控功能。②投影仪和投影屏：提供大屏幕视觉体验，适用于大型演示和集体观看。③

观众响应系统：支持实时反馈和互动，提高学生参与度。④虚拟现实 / 增强现实设备：为学生提供沉浸式和交互式的视觉体验。

三、智慧教室建设

（一）智慧教室的概念

智慧教室是一种以教与学为中心的、以培养具有创新意识和创新能力人才为目标的，以计算机、通信、传感、网络、多媒体、物联网、云计算、大数据等信息技术为支撑建立起来的智慧学习环境。这种智慧学习环境能使师生无缝接入资源，方便教师、学生进行人机 / 人人交互，优化教学内容，能感知并自动调节情境，能录播、直播教学情况，为教师提供便捷、高效的教学环境，满足学生自主学习、体验式学习、探究式学习、合作学习的需求，为教师的引导式教学、个性化精准教学服务，提升教育质量，促进人的全面、自由、个性发展。

（二）智慧教室建设原则

智慧教室的建设应遵循如下原则。

1. 稳定性原则

为了确保教学活动的顺利进行，在教学过程中应尽可能排除技术性干扰，因此，稳定性是智慧教室建设的第一原则。而为了确保智慧教室的稳定性，需要做到如下两点。

（1）低耦合。降低对核心设备的依赖，降低各个模块间的耦合度，以此来分散风险，这样可以确保在遇到部分模块失效的情况时，系统仍旧可以基本运行。

（2）简单化。在满足功能需求的基础上，系统设计应尽量简单、明确，避免由系统的复杂造成的系统不稳定。

2. 兼容性原则

较强的兼容性能够延长系统的生命周期，因为这样可以避免部分模块的损坏而导致整体的更换，同时也可以避免部分模块升级而导致整体需要改造。

3. 经济性原则

智慧教室的建设需要考虑学校的经济情况，应充分考虑经济投入的合理性。

4. 简便性原则

简便性原则体现在安装、操作和维护升级三个方面。首先，系统安装应简便，无须耗费大量的时间和精力；其次，控制界面的操作应简便快捷，便于教师上手；最后，维护升级（包括更换、添加设备）操作简单。

（三）智慧教室的总体框架设计

智慧教室的总体框架从低到高有四个层次：基础设施层、应用支撑层、综合管理层、综合服务层，具体如图 7-3 所示。

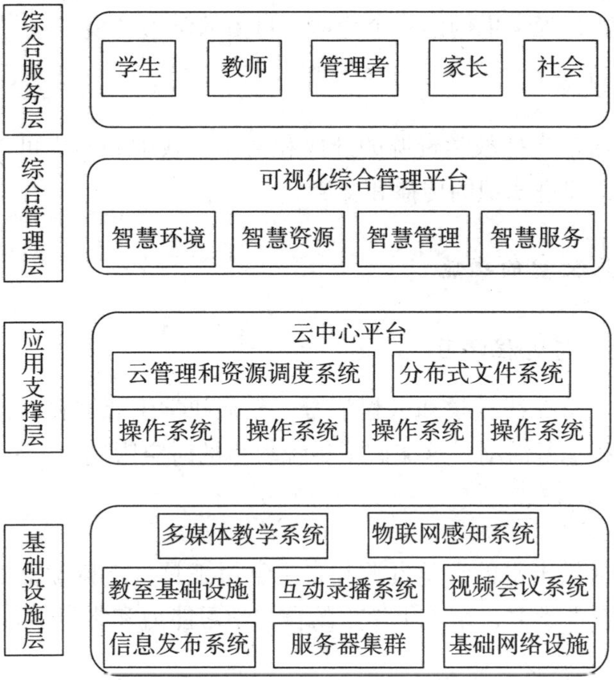

图 7-3　智慧教室的总体框架

（四）智慧教室的特征

1. 技术集成

智慧教室通常具备先进的硬件设施和软件应用，例如交互式白板、投影设备、学生终端设备（如平板电脑或笔记本电脑）、教育管理系统和在线学习平台等。

2. 资源丰富

智慧教室为教师和学生提供了丰富的学习和教学资源，包括电子书籍、在线课程、视频教程、互动练习等。

3. 灵活的学习环境

智慧教室通常具备灵活多变的空间布局，可以根据不同的教学活动和学习需求进行调整，为学生创建一个舒适、自由的学习环境。

4. 开放与共享

智慧教室通常支持教学资源的开放和共享，教师和学生可以轻松访问和分享教学资源，促进知识的传播和交流。

（五）智慧教室的功能

1. 在线教学与远程学习

智慧教室支持在线教学和远程学习，教师和学生能够在任何时间、任何地点进行教学和学习活动，这突破了传统教室的时空限制。

2. 支持自主学习

智慧教室提供丰富的自学资源和自主学习工具，支持学生根据自己的兴趣和需求进行自主学习，培养了学生的自主学习能力和终身学习意识。

3. 支持虚拟实验与模拟

智慧教室提供虚拟实验和模拟工具，使学生能够在安全的虚拟环境中进行实验和探究，降低了实验成本和风险。

第二节　信息化教学软件环境建设

信息化教学软件环境主要包括各种网络教学平台、信息化教学管理环境、信息化标准体系、信息化安全保障体系等。

一、网络教学平台建设

（一）网络教学平台的概念

网络教学平台是基于互联网开展现代远程教育的支撑平台，为远程教学的学习者和教育者提供在授课、学习、答疑、讨论以及作业处理等教学过程中的支持工具。它采用支持共享，具备互操作性、能提供质量保证并符合统一开放性的标准，它是开展现代远程教育必备的教学支撑环境。

（二）网络教学平台建设的步骤

网络教学平台建设的具体步骤如图 7-4 所示。

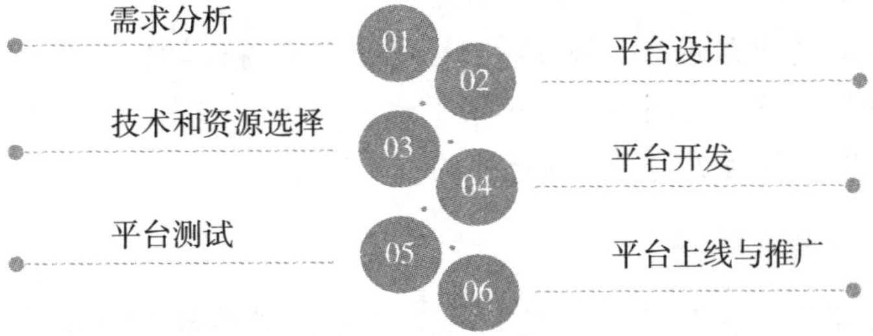

图 7-4　网络教学平台建设的具体步骤

1. 需求分析

（1）调查和分析用户的需求和期望。用户需求和期望的调查和分析是需求分析过程中不可缺少的一环。它涉及对教师和学生的使用场景、功能需求和操作习惯的深入了解。通过问卷调查、访谈、观察和分析等多种方法，收集并整理用户的反馈和建议。这一过程需综合考虑用户的多样性和个体差异，深入了解其实际需求和潜在期望，从而在网络教学平台的设计和功能实现中做到精准匹配和个性化满足，提升用户满意度和使用效率。

（2）制定详细的需求文档和规格说明。需求文档应包含清晰、具体的功能需求、性能标准、用户界面和交互设计等方面的描述和规定。每个功能和要求都应细致、明确，为后续的设计和开发提供清晰的方向和标准。规格说明不仅是技术团队实现产品目标的蓝图，还是评估产品性能和功能是否满足预定标准的重要依据。

2. 平台设计

（1）设计平台的架构和界面。架构设计需要考虑平台的可扩展性、稳定性和安全性，确保平台能有效地处理大量的用户请求和数据交互。界面设计则聚焦于用户体验，包括视觉元素、交互方式和用户导航的布局。整个设计过程需要综合技术实现和用户体验，创建一个既高效又友好的网络教学环境。

（2）确定功能模块和操作流程。功能模块和操作流程的确定是平台设计的中心任务。每个功能模块需根据之前的需求分析来设计，保证平台满足教学和学习的核心需求。同时，操作流程的设计要确保用户能直观、便捷地完成任务，提升学习和教学的效率和体验。每个功能和流程都应经过严格的评估和测试，以达到最佳的性能和易用性。

（3）准备设计文档。准备设计文档和原型是将设计想法和方案具体化和可视化的过程。设计文档应详细记录平台的架构、功能模块、操作流程等关键信息，作为开发团队实现设计目标的重要参考。

3. 技术和资源选择

（1）选择技术栈和开发工具。这需要考虑到平台的功能需求、性能标准，以及未来的可扩展性和维护性。技术栈的选择涵盖了编程语言、框架、数据库等各个方面。开发工具的选择也需确保团队能高效、协同地完成开发任务。所有的选择都需要结合最新的技术趋势和团队的技术能力，以达到最佳的开发效率和产品质量。

（2）确定资源和内容的来源和管理。资源和内容是网络教学平台的核心。首先，要明确教学资源的种类和格式，可以包括文本、图片、视频、音频等多媒体元素，以丰富学习体验。其次，进行内容来源的选择，可以有原创、引用、共享等方式，需要考虑到内容的质量、版权和适用性。管理方面，要建立一个高效、系统的管理机制，包括资源的更新、维护和优化，确保教学资源始终保持最优质状态。通过技术和人工相结合的方式，实现教学资源的有序、高效管理，以支持教学目标的实现和学习体验的提升。

（3）评估和选择服务商和合作伙伴。在评估和选择服务商和合作伙伴的过程中，需要考虑到合作方的技术能力、服务质量、信誉和可靠性等因素。应基于长期的合作关系和平台的持续发展的理念，确保所选服务商和合作伙伴能有效支持平台的技术、内容和服务需求，为用户提供持续、优质的学习体验。

4. 平台开发

在这个阶段，开发团队需要根据之前的需求分析和规划设计，运用合适的编程语言和开发工具，编写代码来构建平台的基础架构和界面。开发工作不仅要保证平台的功能性和可靠性，还需优化用户体验，确保操作的直观和流畅。在开发过程中，团队需要密切合作，不断测试和调试，修复潜在的程序错误，提升平台的稳定性和安全性。在开发过程中，也需要考虑平台的可扩展性和维护性，为未来的更新和升级留出充足的空间，确保平台能随着教育技术的进步和用户需求的变化而不断完善和发展。

5. 平台测试

平台测试是确保网络教学平台质量和性能的关键步骤。这一阶段可以采用多种测试方法，旨在从不同维度全面评估平台的功能、性能和用户体验。测试人员需要进行严格的功能测试，确保所有模块按预期运行，没有 bug 或漏洞。性能测试关注平台的响应速度、负载能力和稳定性，保证在不同用户量和网络环境下的高效运作。安全测试则致力于识别和修补安全漏洞，确保用户数据和隐私的绝对安全。此外，用户体验测试通过模拟真实用户场景，评估操作便利性和使用舒适度，确保最终用户满意度。测试结果将为后续的优化和调整提供详细数据和依据，推动平台不断完善，满足更高标准的教学和学习需求。

6. 平台上线与推广

平台上线与推广是网络教学平台建设的最后一个步骤。上线前，要确保所有功能、内容和用户界面都经过严格测试和优化。一旦平台上线，就要实施有效的推广策略，吸引目标用户。可以通过 SEO 优化、社交媒体营销、合作伙伴关系和其他在线、离线广告策略来增加平台的可见性和吸引力。此外，为了持续吸引和保持用户，需要不断更新和优化内容，提供高质量、有价值的教学资源和体验。收集用户反馈，及时调整和改进平台功能和性能也是至关重要的。通过综合、多元化的推广策略和持续优化，网络教学平台将能实现用户增长、活跃度提升，最终促进高校教育目标的实现。

二、信息化教学管理环境建设

网络教学平台的正常运行依赖于管理的规范化，建立健全各类网络教学平台运行服务的管理规范是信息化教学管理环境的重要工作。管理环境主要包括三类规范：一是从学校管理的角度制定的信息化教学管理类规范，二是从信息服务的登记、管理、运行、维护各个方面建立的信息服务类规范，三是从技术的角度保障网络与信息系统正常运行的技术类规范。

（一）信息化教学管理类规范

1. 学生信息管理规范

（1）学校要建立学生档案，及时、完整、准确记录学生的基本信息和学业成绩。

（2）学校要实现学生信息化管理，对学生的考试、作业、论文、学习情况等数据进行管理。

（3）学校要保证学生信息安全，合理设置权限，对涉密信息分类管理。

2. 课程信息管理规范

（1）学校要建立课程档案，及时、完整、准确记录课程名称、任课教师、教材教学进度以及教学评价等信息。

（2）学校要实现课程信息化管理，对课程的教学质量、教学组织、教学效果等进行监管和评估。

3. 教学资源管理规范

（1）学校要建立教学资源库，及时更新课程教材、课件、视频等资源。

（2）学校要推广教学资源共享，鼓励教师编写、分享好的教学资源。

（3）学校要保证教学资源的合法性和版权，不得擅自使用未经授权的教学资源。

（二）信息服务类规范

1. 信息登记制度

（1）登记程序：明确并简化信息服务的登记程序，使得服务的启动和注册流程更为高效。

（2）信息验证：对登记的信息进行核实和验证，保证信息的准确性和完整性。

（3）用户指南：为用户提供清晰的指南和教程，帮助他们理解和使用信息服务。

2. 信息服务管理规范

（1）权限管理：设定不同级别的管理权限，以确保信息服务的安全和完整。

（2）数据保护：采取措施保护信息数据，防止数据泄露、丢失或被非法访问。

（3）服务目录：维护和更新信息服务目录，为用户提供最新和全面的服务信息。

3. 信息服务运行规范

（1）操作标准：制定详细的操作标准，确保信息服务的稳定和连续运行。

（2）性能监控：实施实时性能监控，及时发现并解决潜在问题。

（3）用户反馈：建立用户反馈机制，收集用户的意见和建议，不断优化信息服务。

4. 信息服务维护规范

（1）维护计划：制订定期维护计划，保持信息服务的性能和安全。

（2）技术更新：跟踪技术发展，及时更新和升级信息服务技术和设备。

（3）故障响应：建立快速响应机制，确保故障和问题能够得到及时解决。

（三）技术类规范

1. 系统架构和设计规范

（1）架构设计：确保系统架构的稳定、灵活和可扩展，满足不同的应用和业务需求。

（2）安全设计：在设计阶段就需要整合安全要素，确保系统的安全防护能力。

（3）性能优化：设计高性能的系统，满足高并发和大数据处理的需要。

2. 网络和数据通信规范

（1）网络配置：合理配置网络，确保其稳定、高速和安全。

（2）数据传输：采取加密和验证技术，保证数据传输的安全和完整。

（3）接口和协议：标准化接口和通信协议，保障数据的互操作性。

3. 数据存储和备份规范

（1）存储管理：配置高效、可靠的存储系统，确保数据的安全和可用。

（2）数据备份：定期备份数据，预防数据丢失和系统故障。

（3）灾备策略：建立灾难恢复机制，保障系统在紧急情况下的连续运行。

4. 安全和防护规范

（1）防火墙配置：配置和维护防火墙，防止未授权访问和攻击。

（2）安全扫描：定期进行安全检测和扫描，发现和修复安全漏洞。

（3）身份验证：强化身份验证和授权机制，保障用户和系统的安全。

5. 监控和维护规范

（1）性能监控：实时监控系统性能，及时响应性能下降和故障。

（2）日志管理：收集、分析和存储日志，用于故障分析和安全监控。

（3）维护计划：制订和实施维护计划，确保系统的稳定和性能。

6. 更新和升级规范

（1）软件更新：定期更新软件和系统，修复错误，提升性能和安全。

（2）硬件升级：根据需要升级硬件，满足新的业务和技术需求。

（3）测试验证：在更新和升级前进行详尽的测试，确保系统的稳定和兼容。

三、信息化标准体系建设

高校的信息标准化工作是一项系统工程，在实施过程中受到各种因素的影响和制约。信息标准化工作可以采用统一标准与自定标准相结合的方法。首先，要调查各个高校的信息资源情况，掌握各类信息的分布与处理流程，可以直接参照，和引用已经颁布的国际标准、国家标准或行业标准，如软件开发规范、国家行政区划代码、国民经济行业分类与代码、人事信息代码等。对于无国际标准、国家标准及行业标准可循的，则按照信息系统分类编码的基本原则、方法、编号规定等标准，编制高校信息标准体系，确定信息标准规范所包括的各项内容及其相互关系。其次，根据业界信息系统的结构是柔性、动态可扩充、兼容性和开放性的共识，主要建立高校的数据信息标准，使信息交换接口标准化；建立采购标准和规范，使信息系统开发规范化；建立信息系统运行规范。要求在制定后可以保持一个时期的相对稳定，提高信息标准体系的环境适应性、科学性和前瞻性。

四、信息化安全保障体系建设

校园信息化教学环境建成以后，任何人都可以通过计算机及终端访问学校公开的校园网络信息系统，而一个没有安全体系的信息化教学环境，随时都面临着来自校园内部和校园外部的安全威胁，如不良信息的传播、病毒、黑客等侵犯。因此，构建一个技术先进、管理高效、安全可靠的安全保障体系显得尤其重要。在信息化教学环境安全体系的建设中，可以从以下三个方面入手。

第一，建立计算机网络与信息安全领导小组。该小组应由信息安全、教育和技术领域的专家组成。其主要职责包括组织拟定计算机网络信息安全的总体规划，确保所有的教学和信息系统遵循最新的安全标准和政策。小组需要定期评估信息化教学环境的安全状况，并制订相应的安全策略和方案，以防止潜在的安全威胁和风险。

第二，建立完善的动态信息安全管理体系。动态信息安全管理体系是确保信息安全的核心。该体系需要定期更新，以适应不断变化的安全威胁和技术创新。应该包括但不限于密码管理、网络监控、数据加密、用户身份验证等方面。信息安全管理体系还需要考虑到人为错误和内部威胁，通过培训和监控减轻这些风险。对于检测到的任何安全威胁和漏洞，都需要及时响应，制订并执行修复计划，以确保信息化教学环境的安全和稳定。

第三，经常开展信息安全和信息法制教育。为确保信息化教学环境稳定运行，不仅需要技术和管理措施，还需要培养所有利用这些系统的用户的安全意识。通过定期的信息安全和信息法制教育，可以确保教师、学生和工作人员了解当前的信息安全威胁，掌握必要的安全知识和技能。教育内容可以包括网络礼仪、数据保护、密码安全、社交工程等方面。信息法制教育则可以帮助他们了解与信息安全相关的法律和政策，明白实施非法和不道德行为的后果，从而增强自我保护意识。

第三节　信息化教学人文环境建设

一、培养信息化学习习惯

信息化环境下的学习是一种全新的学习方式，学生在一个比以往更加广泛的虚拟社会环境中学习，形成自己的个性和文化价值观，在某些方面具备了许多传统教育不可比拟的优势。目前，绝大部分学生比较认可信息化教学，但还有少部分学生对信息化教学的态度并不那么认可。为了使这部分学生积极接受信息化学习，首先，需要解决技术使用的平等问题，确保每个学生都有相等的机会接触和使用技术。其次，教育者要了解不同学生的学习需求和习惯，为他们量身定制个性化的学习路径和策略，让学生感受到信息技术带来的便利和效益。教育者还需要在课程设计和教学方法上不断创新，融合信息技术的特性和优势，使学习过程更加生动、有趣和有效。通过吸引学生的兴趣和激发他们的学习动机，让他们主动、自发地参与到信息化学习中来。

二、加强信息化学习文化与道德建设

在信息化学习的背景下，文化与道德建设是不可或缺的，它关系到学习

者的价值观、行为准则和社会责任。为了加强信息化学习文化与道德建设，需要先明确信息技术在教育中的伦理标准和道德底线，确保技术应用的合理性和安全性。教育者需加强对学生信息道德教育，让他们认识到信息权利和隐私保护的重要性，学会在虚拟世界中维护自我、尊重他人。学生需要学习合理、有责任地使用信息，避免网络欺诈、侵权、网络霸凌等不道德行为，发展健康的网络使用习惯和良好的数字公民素质。另外，学校和教师要共同建立一个积极、健康、和谐的信息化学习环境，将道德和文化内涵融入课程、教学和评估中。在技术层面，要加强信息技术的伦理和安全教育，注重学生的网络素质教育，培养学生的信息道德观念，提升其自我保护能力，防范网络安全风险。

第四节 信息化教学师资队伍建设

信息化教学师资队伍是信息化教学环境中的核心要素，是信息化教学研究开发、应用推广、服务管理、实际应用等各种工作的中坚力量。教学师资队伍应该是以教学工作为主线，以专业建设、课程建设、教学研究等为重点，由教学名师、专业带头人、中高级专业技术职务的专兼职教师为主组成的教学业务组织。教学师资队伍是一个集体，由最初的一个工作群体逐渐形成的一个教学团队。其主要特征是有明确的教学建设目标、清晰的教学改革方案、合理的教学梯队、优良的教学建设成果。

一、信息化教学师资队伍建设的意义

正所谓“众人拾柴火焰高”，相较于教师个人而言，教师队伍在很多方面能够发挥更大的作用，在信息化教学背景下，除了要培养教师个体的信息化能力，还需要培养信息化教师队伍。具体而言，信息化教师队伍的意义体现在如下三个方面：一是有助于促进学校的发展，二是有助于促进学科的发展，三是有助于促进教师自身的发展。

（一）促进学校的发展

如果将学校比作一个大家庭，那么教师就是这个家庭中的成员，大家庭的建设需要成员之间协作共事、整体配合，做到有责人人担当。学校作为一

个教育场所，整体氛围建设至关重要，而教师作为学校中的重要一员，在学校整体氛围的建设中也起着重要的作用。可以想象，如果一所学校的教师能够相互帮助、团结奉献，那么这所学校就会呈现出一种共同进步、共同发展的氛围；如果一所学校的教师彼此孤立，只注重自己的利益，那么这所学校必然呈现出一种分裂、斗争的氛围，这显然不利于学校的长远发展。因此，学校在注重教师个体培养的同时，也需要加强信息化教师队伍的建设，从而不断提升学校教师的凝聚力，进而提升学校的整体影响力。

（二）有助于促进学科的发展

信息化教师队伍建设对于促进学科的发展也起着非常重要的作用。教师作为工作在一线的教育工作者，有着丰富的教育经验，对学科也有着深刻的认知，所以教师同时担任教学和研究的双重任务。通过教师的教育研究，剖析学科发展中存在的问题，然后结合自身经验提出解决的策略，最终促进学科的发展。当然，在教学研究中，教师一个人的力量是有限的，如果只是一味地埋头单干，很难取得理想的效果。教师个体只有融入团队，彼此协作，充分发挥自己的优势，才能取得事半功倍的效果，进而促进学科的发展。

（三）有助于促进教师的发展

信息化教师队伍建设对促进教师的发展同样发挥着积极的作用。首先，信息化教师队伍的建设能够影响教师之间交往的心理感受与效果。无论是在教学中，还是在教育研究中，教师都不是一个孤立的个体，教师之间需要沟通与合作，而信息化教师队伍的建设有助于拉近教师之间的关系，这对于促进教师间的交流合作能够起到非常积极的作用。其次，信息化教师队伍可以影响团队中的每一位教师。对于青年教师来说，从“新教师”成长到“卓越教师”，需要经过较长的路程，在这段路程中，青年教师需要不断学习。通过信息化教师队伍的建设，除了便于开展“老带新”的策略，也给青年教师提供了更多向成熟教师学习的机会，所以对于促进青年教师的成长具有非常重要的意义。而对于成熟教师而言，有些教师发展到一定阶段之后，会产生懈怠感，这种懈怠感会影响他们的进一步发展。对于这样的教师，团队的氛围和力量能够帮助他们调整状态，因为团队有助于教师产生集体荣誉感和归属感，这种归属感和荣誉感可以消除教师产生的懈怠感，从而帮助这些教师度过职业生涯中的懈怠期。

对于优秀教师的培育来说，团队是一片肥沃的土壤，这片土壤为教师提供了发展的环境和“养料”。当然，团队中的教师本身也是土壤的一部分，他们从其他教师身上吸取“养料”的同时，也为其他的教师提供“养料”，而在这种相互吸取与奉献的过程中，教师彼此之间的关系变得更加和谐，团队的合作理念也进一步深化，最终形成了良性的循环，不断促进团队中的教师向着卓越化的方向发展。

二、信息化教学师资队伍的构成

（一）管理队伍

管理队伍在信息化教学师资队伍中占据重要地位，起到指导和协调的作用。管理人员的职责包括制定明确、可行的信息化教学战略，以及监督和评估这些策略的实施效果。他们不仅需要具备扎实的教育和管理知识，还需要对现代信息技术有深入的理解和应用能力。通过数据分析和技术支持，他们能实时监控教学质量和学生表现，为教师和学生提供具有针对性的支持和资源。同时，他们还负责建立和维护一个安全、高效的信息技术基础设施，确保所有的教学活动都能顺利进行。管理队伍还要致力于推动教育创新，通过引入最新的教学方法和技术，持续提升教学质量和学生学习体验。在此过程中，他们需要与教师、学生、家长和其他利益相关者密切合作，共同构建一个灵活、多元和富有创造力的信息化教学生态系统。

（二）教学队伍

教学队伍是信息化教学师资队伍的核心。从形态学的角度分析，教学队伍的形态主要有水平形态和梯度形态两个维度。其中，水平形态主要包括四种类型：独立型、交叉型、开放型和包容型；梯度形态主要包括三个层次：基础层次、研究层次和创新层次。

1. 教学队伍的水平形态

（1）独立型。独立型教学队伍是从教学队伍任务的角度定位的，该类型教学队伍的任务通常非常明确，与其他教学队伍没有任务上的交集。比如，英语教研组、语文教研组、数学教研组等，他们的任务就是针对其学科展开教研工作，不同学科之间不会产生交集。

（2）交叉型。交叉型教学队伍是从教师参与成员的角度定位的，即该队伍中有着不同类型的教师。比如，某年级组的教学队伍，通常由不同学科教师、不同年龄段教师组成，所以交叉型教学队伍的交叉性可以体现在学科的交叉上，也可以体现在年级任务的交叉上。

（3）开放型。开放型教学队伍通常表现在校内教师与校外教师的联合上。一般在谈论教学队伍时会将范围局限在本校范围内，而开放性教学队伍突破了学校的范畴，这是教学队伍发展的一个方向，因为通过不同学校之间教师的交流，可以融合不同学校的优势，从而进一步促进教师与学校的发展。

（4）包容型。包容型教学队伍如同数学中的集合，大的教学队伍里包括小的教学队伍。其实，在一所学校中，通常都会存在一个大的教学队伍，其中还会有更具针对性的小的教学队伍，这样更便于学校的管理，也便于精细化分工。

2. 教学队伍的梯度形态

（1）基础层次。教学是教师的主要任务，同时也是基础任务，所以基础层次的教学队伍是站在教学的角度上定位的。除教学之外，基础层次教学队伍还负责学校指派的其他各项基础性任务，比如组织必须开展的学生活动、定期举行例会、举行教师的业务学习和交流等。

（2）研究层次。研究层次的教学队伍是站在教研的角度上定位的，这是一种以研究教育教学相关问题为指向的教学队伍形态。研究层次的教学队伍善于进行课题研究，他们能够以问题为导向产出研究成果，同时在研究过程中能够进一步发现问题，包括教师自身的问题，然后通过对新问题的研究实现研究上的突破，同时也促进教学队伍的卓越化发展。

（3）创新层次。创新层次的教学队伍是能够大胆进行教育改革、能够对当前教育教学进行质疑和批判的教学队伍。创新层次的教学队伍能够在教育理论的指导下对教学方法、教学模式等进行积极的探索，并分析当前教学方法、教学模式等存在的问题，同时分析新的教学方法实施的可行性，从而确保教学的质量，而不是盲目跟风，搞形式主义。

（三）教学支持队伍

教学支持队伍是信息化教学的坚实后盾，他们通过提供技术、资源和服务支持，确保教学活动的顺利进行。这一队伍主要由技术专家、教学设计师和其他支持人员组成，他们确保教学技术的稳定、安全和高效运行。在课程开发阶段，教学支持队伍协助教师整合多媒体和数字资源，设计互动和创新的教学活动。他们还负责维护和优化学习管理系统、虚拟实验室和其他在线学习平台，为学生提供便捷、丰富的学习资源和工具。此外，教学支持队伍通过数据分析和技术创新，不断优化教学环境，使之更加个性化、智能化和人性化。他们是教师和学生的重要合作伙伴，通过技术和服务助力教学的改进和创新，推动信息化教育的持续发展和进步。

三、信息化教学师资队伍建设的具体策略

专业的信息化教学师资队伍是高校信息化教学的重要支持，而建设信息化教学师资队伍，需要从多方面进行分析。具体而言，信息化教学师资队伍建设可以从几个方面做出思考。

（一）加强教师培训

教师培训是提高教师素质，促进教师专业发展的有效途径，也是建设专业教师队伍的重要举措。

1. 制定教师培训制度

完善的制度是保障任务落到实处的关键，高校要将教师培训纳入学校教师队伍建设的规划之中，并制定明确的培训制度，这样才能避免教师的培训流于形式，进而影响信息化教学师资队伍的建设。教师培训制度的制定要结合学校实际和教师发展实际，但综合而言，笔者认为信息化教学师资队伍的培训制度需要包含如下几条。

（1）校本教研培训制度。校本教研是指高校从信息化教学发展的实际需要出发，就教育教学实际存在的问题，以一线教育工作者为主体，通过一定的教研程序，取得研究成果，并直接用于学校教育教学，从而促进教师专业发展并提高教学质量的教研活动。校本教研培训是促进教师专业发展的有效途径，所以高校首先需要制定校本教研培训制度。

（2）分层培训制度。在校本教研培训制度的基础上，高校还需要针对教师队伍的年龄结构和发展水平的实际情况，开展分层培训制度。可将教师分为三个层次：青年教师、专业教师、卓越教师。针对不同层次的教师，制订不同的培训计划。

（3）活动考勤制度。在开展教师培训活动时，高校还需要制定活动考勤制度，对参与培训的教师进行严格的考核，以此来确保教师的出勤率。

（4）过程监督制度。在对教师进行培训的过程中，高校需要制定过程监督制度，即对教师培训的全过程进行监督，强化教师的态度，其中包括积极主动参与的态度、勤于研习的态度、团队合作的态度、善于反思的态度等。

（5）资料建档制度。学校对参与培训活动的教师做好建档工作，将教师培训期间的课程理念、教学观、学生观的认识和变化、收获和感悟记录下来，做好教师个体专业成长过程资料的积累。

2. 制定教师培训规程

针对高校教师的培训，1996年，国家教育委员会发布了《高等学校教师培训工作规程》，该规程针对教师培训的过程做了系统的阐述。制定教师培训规程能够更好地指导教师培训，这对于提高教师培训效率具有非常积极的意义。笔者立足于信息化教学师资队伍的培训，参考《高等学校教师培训工作规程》，总结了信息化教学师资队伍培训基本规程，其内容如下。

信息化教学师资队伍培训基本规程

第一章 培训的组织与职责

（1）高校对信息化教学师资队伍培训进行宏观管理和政策指导，统筹安排教师培训工作。

（2）根据不同层次、不同学科的教师制订培训计划，并确保培训经费的合理投入。

（3）定期对信息化教学师资队伍培训计划的落实情况进行检查和督促。

（4）不断完善信息化教学师资队伍培训的途径和形式，积极推广培训经验和培训成果。

（5）制定信息化教学师资队伍培训管理办法，保证培训质量。

第二章 培训的主要形式

（1）依据不同层次、不同学科的教师采取不同的培训形式，并制定规范要求。

（2）结合导师制等培养方式，充分发挥成熟教师对青年教师的示范和指导作用。

第三章 培训的考核与管理

（1）教师培训超过三个月后，应按照培训的有关规定对教师进行考核与鉴定。

（2）为确保培训计划的有效落实，学校不得无故取消已经安排好的培训计划，教师也应服从学校的安排，不得无故调整培训的内容，更不得无故缺席培训。如遇到特殊情况，可在学校和教师批准的前提下，对培训计划进行调整。

（3）参加培训的教师，如果获得了优异的成绩或取得了重要的成果，应对其予以表彰奖励。

（4）培训期间违反培训纪律或有关规定，无故拒绝接受培训的，培训成绩不合格的，应给予必要的惩罚。

第四章 培训的保障

（1）学校应针对信息化教学师资队伍的培训设置专项经费，并根据培训的计划合理安排经费，确保经费能够满足培训的需求。

（2）对于要参与培训的教师，学校应根据教师培训的实际情况适当减少其教学工作量，避免给教师造成太大的工作负担。

（3）对于需要外出参与培训的教师，学校应在住宿、图书检阅、资料查询、文献检索等方面提供必要的保障。

3. 多种培训方式相结合

为了提高信息化教学师资队伍培训的效率，高校可以采取多种培训方式相结合的培训模式，切忌长期使用单一的培训方式。笔者认为，信息化教学师资队伍的培训可以采取以下三种方式：校内培训、校际交流、出国培训。这三种方式应交替进行，或者采取两种、三种组合的方式。

（1）校内培训。校内培训是最常见的教师培训方式之一，高校应根据学校教育发展的情况以及信息化教学师资队伍发展情况定期对教师进行培训。校内培训具有以下两方面的优点。

①组织方便。校内培训的开展场所是学校，因此无论从时间维度还是从空间维度来看，都便于组织教师开展培训活动。学校是教师日常工作的场所，校内培训可以在不耽误课程进度的情况下，使教师参与到培训活动中来。学校可以根据教师的工作时间，合理安排或灵活调整教师的授课时间，集中组织教师开展校内培训。

②立足教学实践，针对性强。校内培训是立足本校教学实践开展的教师培训活动，因此培训内容更加贴合教师的教学实践。在培训过程中，教师可以针对自己在教学过程中遇到的问题展开讨论，或交由经验丰富的教师或者

专家进行解答。培训的内容以提升本校信息化教学效果为核心，具有很强的针对性。

鼓励高校教师参加校内培训，教师通过培训可以发现并解决在信息化教学过程中遇到的问题。学校还可以利用老带新的培训方式，让经验成熟的教师对新教师进行理论与实践层面的指导，用丰富的教学经验帮助新教师少走弯路，提升教学能力，培训方式可以是新老一对一，也可以是一对多。

高校还可以组织教师交流会，教师通过交流会将自己在教学过程中遇到的问题列举出来，供新老教师交流与讨论，教师群策群力，共同分析问题产生的原因，探索应对问题的方法，教师还可以通过这种方式发现自己在教学过程中潜在的问题，防患于未然。

（2）校际交流。校际交流是不同学校之间展开的学习交流活动，通过学习彼此之间的成功经验促进自己学校教育教学水平的提高。在这个过程中，不同高校的教师通过相互之间的授课、听课、说课、研讨等活动，实现教师专业素养的提升。关于信息化教学的发展，很多学校其实都处在探索的阶段，但也初步取得了一些成功的经验，而且不同学校之间探索的路径也不同，这为不同学校间的相互借鉴提供了基础。因此，高校与高校之间可以加强合作交流，针对信息化教学的发展彼此交流经验，从而在相互借鉴与学习中促进教师专业素养的提升。

（3）出国培训。出国培训也是教师培训中经常采用的一种培训方式。国外一些高校有着丰富的信息化教学经验，也取得了丰硕的成果，国内高校的教师可以到国外的这些高校进行深入学习，了解他们信息化教学的发展情况和教学模式，学习他们的成功经验，引进他们的成果。当然，国外高校和国内高校在很多方面存在差异，在借鉴国外高校的成功经验和引进成果时，教师应充分考虑国内高校的实际情况，有选择性地进行借鉴，学习那些能够应用于国内高校的经验。

（二）教师师资队伍组织管理科学化

正所谓“不以规矩不能成方圆”，要打造专业型的信息化教学师资队伍，除了要加强对教师的培训，还需要对教师队伍进行科学化的组织管理。

1. 加强领导班子建设

学校的领导班子是整个学校教育工作者的“车头”，他们不仅从宏观的角度负责学校的发展，更从微观层面负责对每一位教师的管理。从管理的角度来看，教师管理属于人力资源管理的范畴，这并不是一件简单的事情，其中涉及很多专业性的内容，这是对学校领导班子提出的挑战，尤其要实现科学化的组织管理，更需要学校的领导班子具备一定的专业化管理知识。因此，实现学校师资队伍组织管理专业化的第一步就是要加强领导班子的建设，这是领导班子必须认识到的一点，也是不能忽视的一点。

2. 合理运用奖惩机制

奖励和惩罚是管理的手段，适用于任何岗位的管理，也是目前采用最为普遍的管理手段之一。奖惩机制是在心理学的基础上产生的，具有一定的科学性，而且其效果在长期的实践应用中也得到了证实。但是，奖惩机制也有消极的一面。奖惩机制消极的一面并不是源自奖惩机制本身，而是源自实施的具体措施，如果奖惩不适，势必会导致消极的结果。因此，在运用奖惩机制对教学师资队伍进行管理的时候，一定要掌握一个“度”，合理地运用这一机制。至于如何把握这个“度”，笔者认为要遵循及时性、相符性、针对性原则，使奖惩得当，即有功奖功，有过罚过，公平合理。奖励坚持物质奖励与精神奖励相结合，在全校范围内宣传其先进事迹，树立典型；惩罚时也可以采取物质惩罚与精神惩罚相结合的方式，但无论采取哪种方式一定要客观、公正，否则容易让教师产生抱怨的心理，这样便违背了“惩罚是为了矫正”的目的，反而会适得其反。

3. 了解教师间的个性差异，有的放矢地进行差异化管理

在教学中常常强调学生间的个性差异，其实教师之间同样也存在个性差异，这是学校领导班子不能忽视的一点。当然，相对于学生来说，教师心理发展已经比较成熟，能够正确看待自己的个性，也能够在自我个性与集体责任之间权衡轻重，不会因为自我个性影响集体的利益，这使得教师队伍的管理比学生队伍的管理更加简单。但作为教学师资队伍的领导者，不能因此就忽视教师之间的个性差异，忽视教师的个人利益，这种行为是对教师责任心的一种消耗，也是对教师队伍不负责任的一种体现，更是一种无为化的管理方式。以教师的性格差异为例，教师性格是完成教育工作的重要条件，在确定班主任的人选时，应该选择性格外向、善于交谈的教师，这些教师可以更好地承担起班主任的工作职责。

（三）以项目引领信息化教学师资队伍建设

在学校发展的过程中，常常会制定一些发展项目，这些项目对学校的发展具有重要的意义。例如，针对教育技术方面，学校可能会制定“推进教育技术应用”项目等。针对学校提出的项目，往往需要教师以团队的形式参与，这为教师之间的合作提供了更多的机会，教师彼此之间围绕项目展开交流，相互分享自己的见解。随着项目的推进，团队内教师的合作也在逐步深入，教师的团队荣誉感也会提升，这对于促进教学师资队伍的建设起到了非常积极的作用。

第八章　高校信息化教学评价

信息化教学评价的关注对象主要就是学习过程和学习资源的评价。

第一节　信息化教学评价概述

一、教学评价的概念

教学评价是指以高校教学目标为依据，通过一定的标准和手段，对高校教学活动及其结果进行价值判断，即对高校教学活动及其结果进行测量、分析和评定的过程。[①] 它以参与高校教学活动的教师、学生、教学目标、内容、方法、教学设备、场地和时间等因素的有机组合的过程和结果为评价对象，是对高校教学工作的整体效能所作的评价。

二、信息化教学评价

信息化教学评价是依据信息化教学的目标，运用现代信息技术手段对其教学资源、教学活动过程及学习效果等进行分析、鉴别，并做出价值判断的过程。

① 从红艳，房玲玲．高校教学改革与文化的融合创新研究 [M]. 长春：吉林出版集团股份有限公司，2019：131.

（一）信息化教学评价与传统教学评价的比较

为了实现信息化教学的培养目标，即培养具有处理信息能力、独立的终身学习者，其教学评价必须与各种相关的教学要素相适应，因此其与传统的教学评价存在差异，其区别如表 8–1 所示。

表 8–1　信息化教学评价与传统教学评价的比较

	信息化教学评价	传统教学评价
评价目的	学习者的信息素养、知识应用能力、创新能力等	学习者知识的获得，以成绩定级、分类
评价标准	依据学习者和指导者实际问题、先前经验共同编制；标准不固定	依据大纲或权力机构编制的标准；标准相对固定
评价要素	学习过程、学习资源、学习行为、学习效果，学习环境、管理制度等	学习结果
评价方法	自评、互评、测验、调查、观察等	测验、考评、作业等
评价者	教师、指导者、学习者；学习者也参与评价	教学机构、教师；学习者不参与评价

另外，需要特别说明的是，在传统教学中，评价往往是在教学之后进行的一种孤立的、终结性的活动，目的在于对学习结果进行判断，如图 8–1 所示。而在信息化教学中，培养自我评价的能力和技术本身就是教学的目标之一，评价具有指导学习方向、在教学过程中给予激励的作用，正是由于有了评价的参与，学生才有可能达到预期的学习结果。因此，评价是镶嵌在真实任务之中的，评价的出现是自然而然的，是一个进行之中的、嵌入的过程，是整个学习不可缺少的一部分，如图 8–2 所示。

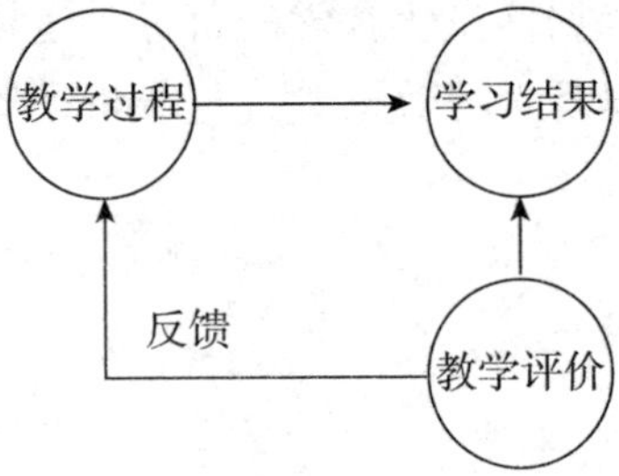

图 8–1　评价在传统教学中的位置

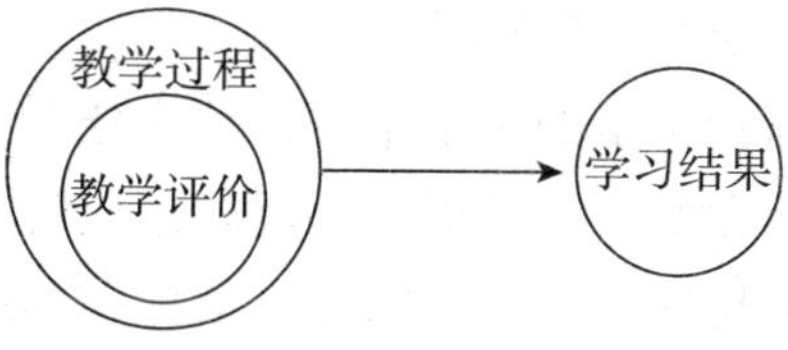

图 8-2　评价在信息化教学中的位置

（二）信息化教学评价的工具

评价工具是评价主体为完成评价任务所采用的相关技术和方法，它们支撑着评价中的各种相关因素，决定着评价的质量。正确选用评价工具，对顺利完成评价工作有着不可忽视的意义。下面介绍几种典型的信息化教学评价工具。

1. 学习契约

学习契约是一个书面文件，列明了学生需要完成的学习任务、评价标准、学习资源以及支持和帮助的途径。学习契约帮助学生自我管理和监控他们的学习进度，使他们更加明确个人的学习目标和责任。同时，教师通过契约可以清晰地了解学生的学习进度和成果，有效地指导和支持学生学习。在信息化教学中，学习契约能够更灵活、个性化地应对各种学习需求和挑战，增强学生的自主学习和自我评价能力。

2. 量规

量规是一种结构化的定量评价工具，是为评价、指导和改善学习行为而设计的某种标准或一套标准。在表现形式上，它常常是一个二维表格，从与评价目标相关的多个方面详细规定评级指标。量规评价更多地关注学生学习的过程，在学习之前先公布量规，形成了对远程自主学习过程的鲜明的导向作用；量规评价既可以教师评，还可以让学生自评或同学互评，进一步强化对学习过程的关注。在目前的信息化教学中，有越来越多的学习任务以非客观性的方式呈现，传统的客观性评价方式变得难以胜任，量规评价则可以弥补这种缺陷，因为使用量规进行学习评价操作性强、准确性高，可以有效降低评价的主观随意性，较好地实现对非客观任务的客观评价。

在设计量规时应坚持以下几项原则。

（1）根据教学目标和学生的水平来设计结构分量。每个教学环境和学习任务都有其独特的目标和要求，量规需要反映这些特定的需求。例如，评价电子作品和评价课堂参与性需要不同的评价指标和标准。在评价学生的电子作品时，通常从作品的选题、内容、组织、技术、资源利用等方面考虑，而在评价学生的课堂参与性时，又会从学生的出勤率、回答问题情况、作业完成情况、小组合作情况等方面考虑。另外，学生的水平也是一个关键因素。量规需要适合学生的知识、技能和经验水平，确保其评价标准既具有挑战性，又是可达成的。一个符合学生水平的量规可以激发学生的学习兴趣和动力，促进其持续进步和发展。

（2）根据教学目标的侧重点确定各结构分量的权重。量规不仅是一个评价工具，还是一个指导和激励学生学习的工具。合理的权重分配能帮助学生明确学习的重点和方向，将学习资源和努力集中到最重要的部分。例如，在电子作品的评价中，如果目标是技术技能的学习和运用，那么技术和资源利用的权重应该增加；如果目标是展示调查和研究成果，内容和组织的权重就应该更高。权重的合理设置能够实现教学目标，推动学生的学习和成长。

（3）具体的描述语言要具有可操作性。在解释量规的各结构分量时，需要使用具体、明确的描述语言，避免抽象和概念性的表达。具体的描述语言能够帮助学生、教师和其他利益相关者清晰、准确地理解评价标准和要求，确保量规被公正、一致地应用。一个具有可操作性的量规能够降低评价的主观性和不确定性，提高评价的可靠性和有效性。同时，明确的描述也有助于学生自我评价和反思，指导他们的学习和改进，实现教学目标和学习成果的最大化。

3. 电子学档

电子学档是指在信息技术支持下的档案袋。信息技术的发展和应用突破了传统档案袋制作的时空限制，促使了电子学档的产生。电子学档没有一定制式的内容和结构，可以根据实际需要和技术条件进行设计。一般来说，电子学档包括了五个部分：一是个人信息；二是学业信息（与学生的学习相关的信息，包括学习任务、学习计划、学习进度和学习绩效）；三是学习活动记录（与学生的学习过程相关的信息，包括参加讨论的情况、聊天室的发言、请教和解决问题情况、网络课程学习情况、利用资源的情况等）；四是作品集（学生的学习成果信息，包括完成的作业和电子作品、学习的心得体会、课程论文等）；五是评价信息（学生学习评价的汇总，包括学生对自己学习档案的反思及自我评价、学习同伴的评价、教师的评价、各种测验和考试的成绩等）。由于电子学档的设计和使用突出了学生的网络学习主体与评价主体的地位，注重过程性评价，实现了网络评价与学习过程的融合，而且在网络技术的强有力支持下非常方便、快捷、真实，因此它越来越被人们重视和应用，成为远程学习评价的重要工具。

4. 概念图

概念图是一种图表，可用于指示课、单元或知识领域的组织。概念图是由美国康奈尔大学的教授诺瓦克（Novak）在20世纪70年代末提出的，之后逐渐被引入课堂，目前被广泛地应用于发达国家的课堂教学和评价中。概念图就是一种以科学命题的形式显示了概念之间的意义联系，并用具体事例加以说明，从而把所有的基本概念有机地联系起来的空间网络结构图。[①] 作为评价工具的概念图由以下三部分组成：一是学生的学习任务，二是学生的反应方式，三是评分体系。

第二节　面向学习过程的评价

一、面向学习过程的评价的概念

面向学习过程的评价又称过程性评价，是指对学生学习所经过的各个历程的学习行为及其成效的评价。或者说学习过程评价是对学生的学习过程做出的价值判断，包括教师在教学过程中对学生的学习行为、态度、知识、能力的分析与评价。通过评价促进学生全面、持续、和谐发展，使每个学生成为拥有健全人格和健康心理的人，为学生的终身可持续发展奠定基础。在对学生学习的评价中，利用一切有效的手段和方法收集学生学习过程中各种有用的信息，并对所收集信息进行分析，评估学习过程本身的效果，并根据评估结果调节学生在学习过程中的发展变化，促进学生的发展而进行的评价，这种评价能及时获

① 张有录．信息化教学概论 [M]. 北京：中国铁道出版社，2012：231.

取反馈信息，适时调节控制，以缩小学习过程与学习目标之间的差距。通过评价研究学习过程，总结经验教训，可以及时改进教学工作。

二、面向学习过程的评价的作用

（一）有利于诊断和调节学习者的学习行为

面向学习过程的评价作为一种持续、动态的评估手段，能有效地诊断和调节学习者的学习行为。通过对学生在学习过程中的行为、互动和反应进行实时观察和分析，教师能够发现学生的困惑、错误和不足，从而及时提供必要的指导和支持。这样的评价不仅能帮助学生意识到自我学习的障碍和问题，还能引导他们调整学习策略和方法，优化学习路径。

（二）有利于提高学习者的综合能力

过程评价中学习者积极介入并成为评价主体，通过自评与互评等形式，一方面加深了对自我的了解，提高了自身的批判能力、鉴别能力和分析能力，增强了学习的自觉性；另一方面，在观察、评价他人学习的过程中，学会了沟通，培养了合作精神。通过自评、互评，学生也获得了成功的情感体验，积极主动参与网上学习活动时受到鼓励，学习的内部动机得到强化，自我调控能力、自我评价能力和自我反思能力得到有效培养，逐渐成为更加主动、更善于思考和反思的学习者。

三、信息化背景下面向学习过程评价的原则

（一）关注学生的个体差异原则

在信息化背景下，面向学习过程的评价应特别关注学生的个体差异。借助先进的技术和数据分析工具，教师能够收集和处理大量的学习数据，深入了解每个学生的学习风格、能力水平和知识基础。这种评价方式强调个性化和定制化，旨在为每个学生提供与其特点和需求相匹配的学习资源和支持。信息化工具允许教师进行实时监控和分析，使得教学和评价能够灵活适应学生的变化和发展，促进他们在适宜的情境和条件下学习。学生的个体差异被

视为学习和发展的资源，而不是障碍或问题。教育者可以利用这些差异，设计出丰富、多样的学习路径和选择，激发学生的兴趣和潜能，推动他们实现个性化的学习目标和发展，确保每个学生都能在适合自身的节奏和方式中取得最佳的学习成果。

（二）评价主体多元化原则

技术的应用使得评价变得更加开放和多元，各方可以轻松分享和交流信息，参与学习者的评价过程。学生自我评价是一个重要组成部分，他们被鼓励反思自我学习过程和成果，发掘自我优势和改进空间。同伴评价也是评价主体多元化的体现，学生通过相互评价学习成果，可以相互学习、互相激励，形成协作和共同学习的社群。教师仍然扮演着关键角色，但更多的是作为引导者和协助者，他们利用信息化工具收集和分析数据，提供有针对性的支持和干预。这种多元化的评价主体带来了更全面、多角度的评价视角，有助于形成更准确、公正的评价结果，推动学习者的全面发展。

（三）评价角度综合化原则

评价角度综合化意味着评价不仅仅集中于学生的知识掌握和技能发展，而是综合考虑学生的各个方面，包括学习态度、创造力、问题解决能力和团队协作技巧等。信息技术的应用使得这种综合评价成为可能，教师能够轻松地收集、分析和解释大量多样的学习数据，全面、深入地了解学生的学习情况。学生的每一个行动、互动和反应都成为评价的重要依据。这种综合化的评价角度有助于捕捉学生的全面发展和进步，也支持教师制定更具针对性和效果的教学策略，确保每个学生都能得到个性化的关注和支持，实现更好的学习效果。

四、信息化背景下面向学习过程评价的步骤

（一）明确评价目标

在这个阶段，教师需要具体定义评价的目标。这涉及识别所要评估的具体学习维度、技能和知识领域。教师也需要确定评价的标准和期望的学习成果，确保评价活动与教学目标和学生学习需求相一致。

（二）工具和指标选择

教师选择合适的信息化工具和技术来收集和分析学生的学习数据，如使用学习管理系统、电子学档、在线测验等。此外，明确、具体和可衡量的评价指标需要被确定，它们将作为评价学生表现和学习成果的准则。

（三）数据收集

利用选择的工具，系统地收集学生的学习数据，包括学生的作品、在线活动、参与度、互动和反馈等。这个阶段的目标是获取全面、详细的数据，以便深入了解学生的学习状态和表现。

（四）数据分析

教师使用数据分析工具和技术，深入分析收集到的数据，识别学生的学习模式、优势、挑战和进步。分析的结果将用于生成详细的学生学习画像，反映学生的全面学习状态。

（五）反馈提供

基于数据分析的结果，教师为学生提供详细、具体和建设性的反馈。这个反馈过程不仅包括学生的学习成果，还涉及他们的学习过程、策略和行为，帮助学生识别改进空间和优势。

（六）及时调整

学生接收到反馈后需要调整其学习策略和行为，以改善学习效果。教师也可以基于评价结果及时调整教学策略、活动和资源，确保更好地满足学生的个性化学习需求。

（七）持续监控

教师应持续监控和评估学生的学习过程和成果。信息化工具使实时监控和分析成为可能，帮助教师迅速响应学生的需求和挑战，支持学生的持续进步。

（八）评价改进

最后一步是基于评价结果以及学生和教师的反馈，不断优化和改进评价方法、工具和指标。这确保评价活动始终有效、准确，能够支持学生的个性化和全面发展。

五、信息化背景下面向学习过程评价的指标体系设计

（一）指标体系设计的原则

评价指标体系的设计是评价活动的核心部分。为了确保评价的有效性、准确性和公正性，过程性学习评价指标体系的设计需要遵循以下几项原则。

1. 明确性原则

明确性原则要求每个评价指标都应具体、清晰，避免任何可能导致误解或不一致解释的模糊性。在制定指标时，需要明确其目的、评价内容、评价标准和评价方法。例如，如果评价学生的写作能力，指标应具体到写作的哪个方面，如结构、内容、语法等，并明确评价标准和评分细则。在信息化背景下，可以利用技术工具来帮助明确和展示评价指标，如通过可视化工具展示评价细则，确保学生、教师和家长等都能清晰、一致地理解评价指标和标准，增强评价的透明性和公正性。

2. 相关性原则

评价指标必须与教学和学习目标密切相关，确保评价的有效性和针对性。每个评价指标都应反映和支持特定的教学和学习目标，帮助教师了解学生在目标达成方面的进展和效果。例如，如果教学目标是提高学生的问题解决能力，评价指标应针对学生在问题识别、分析、解决和反思等方面的表现。在信息化背景下，教师可以利用数据和技术工具来跟踪和分析学生在相关指标上的表现，提供具体、细致的反馈，支持学生达成目标。

3. 全面性原则

全面性原则强调评价指标体系应覆盖学习的各个方面和维度，确保评价的完整性和多维性。评价不仅要关注学生的知识和技能，还要考虑学生的态度、价值观和其他非认知技能。例如，除了评价学生的学科知识和技能，还

需要考虑学生的合作、沟通和创造力等。在信息化背景下，技术工具可以帮助教师收集和分析多维度、多层次的数据，从不同角度和层面了解学生的学习状态和表现，支持更全面、细致的评价。

4. 可行性原则

评价指标体系的设计需要考虑实施的可行性和实用性，确保评价活动是可操作、有效的。指标的选择和设计要考虑到教师的时间、资源和能力限制，避免过于复杂、烦琐的指标和方法。评价活动应简明、具体，能够轻松地融入日常的教学和学习中，支持教师和学生的实际需求和条件。在信息化背景下，技术工具可以帮助简化和优化评价活动，提高评价的效率和便利性，确保评价的可行性和实用性。

5. 灵活性原则

评价指标体系应具备灵活性，以适应教学和学习的不断变化和发展。在教学和学习过程中，学生的需求、能力和情境等可能会发生变化，评价指标体系需要能够灵活调整，以反映和适应这些变化。教师应定期检查和更新评价指标，确保它们仍然是相关、有效的。

6. 公正性原则

公正性原则强调评价应该公平和公正，每个学生都应在平等和公正的条件下被评价。评价指标和标准应避免任何可能导致偏见和歧视的元素，确保所有学生的多样性和独特性都被尊重和支持。教师需要关注和识别评价中可能存在的偏见和不公因素，采取措施消除或减轻这些因素的影响。

7. 透明性原则

透明性原则要求评价指标和标准是公开、透明的，所有利益相关者，包括学生、教师、家长等都能清晰、全面地了解评价的内容、方法和标准。这有助于增强评价的公信力和接受度，支持评价的共享和参与。在信息化背景下，技术工具和平台可以帮助展示和分享评价信息，例如通过在线平台公布评价标准和结果，通过可视化工具展示评价细节等，确保评价的透明性和共享性。

（二）指标体系示例

笔者设计的面向学生学习过程的评价指标体系如表 8-2 所示。

表 8-2 面向学生学习过程的评价指标体系

<table>
<tr><th>一级指标</th><th>二级指标</th><th>二级指标说明</th></tr>
<tr><td rowspan="3">学生学习情况</td><td>学生知识掌握</td><td>1. 掌握必要的专业知识；
2. 新旧知识产生联系并相互整合；
3. 构建完整的知识体系</td></tr>
<tr><td>学生教学活动参与</td><td>积极参与教学相关的活动，具有合作交流意识，并敢于质疑</td></tr>
<tr><td>学生综合素养</td><td>1. 创新能力：能够从多个角度思考问题，发现新的解决方案；
2. 团队合作能力：能够与他人协作完成任务，合理分配任务和资源；
3. 社会责任感：具有社会责任感，能够积极参与社会公益事业和志愿服务活动；
4. 艺术素养：具有一定的艺术鉴赏能力，对文化艺术有一定的了解和认识；
5. 独立思考能力：能够从多个角度看待问题，做出独立的判断和决策；
6. 终身学习意识：具有积极的学习意识和终身学习习惯，能够持续学习和更新知识；
7. 信息素养：能明确信息需求并有效查找和获取所需信息；能评价信息的质量和可靠性；能整理和管理信息，使其易于检索和使用；尊重信息权利，遵守信息法律和伦理准则；具备信息安全知识，能识别和防范信息安全风险</td></tr>
</table>

第三节　面向教学资源的评价

一、面向教学资源的评价的概念

面向教学资源的评价是指以教学资源为评价对象，根据一定的目标，采用一切可行的教育评价技术和方法，对教学资源的设计、开发、使用及其效果进行测定，分析目标实现程度，做出价值判断的过程。教学资源评价是由评价对象、评价指标体系和评价者三个基本要素构成的。评价对象是指被评价、被研究的人或者事物。在教学资源评价研究中，评价对象包括学习软件、多媒体学习课件、网络教学资源等，也包括各种学习媒体、学习设施等硬件设备，还包括教学资源的质量、在学习过程中的作用、学习效果及教学资源事业管理等多方面，但最主要的是对教学资源的设计人员、开发人员、使用人员进行评价。评价指标体系是评价研究工作的工具，通过它进行资料的收集、分析，依据它做出价值判断。评判者包括组织领导机关、研究人员、专家、同行、教师、学生以及评价对象自身。

二、评价教学资源的原则

评价教学资源应遵循一系列原则，具体如图 8-3 所示。

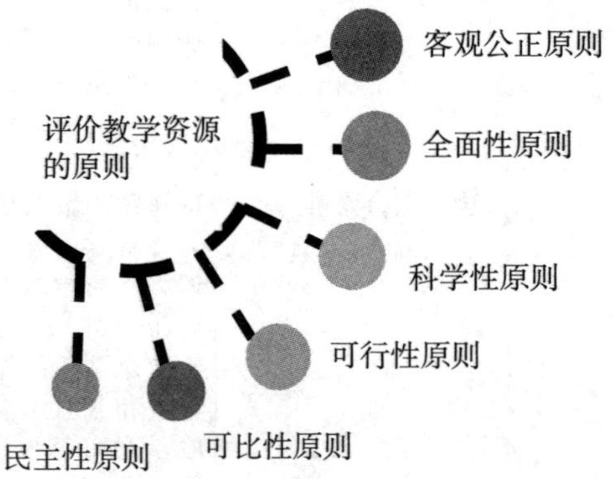

图 8-3　评价教学资源的原则

（一）客观公正原则

客观公正原则要求评价活动保持中立，避免任何形式的主观偏见或先入为主的观念。这涉及评价方法的选择、数据的收集和分析、结果的解释和报告等多个阶段。要做到客观公正，评价者需要严格遵守科学和伦理的准则，使用有效和可靠的评价工具和技术，确保数据的真实性和完整性，以及结果的准确性和可信度。在此基础上，评价反馈和建议也需要是公正和公平的，真实反映教学资源的质量和价值，支持资源的改进和发展。

（二）全面性原则

教学资源评价是一项系统工程，其效果是综合多种因素形成的。因此，在制定教学资源评价标准时，要考虑各种因素的相互关系，使评价标准尽可能全面，不宜过分地突出某一项或某几项。即使在对教学资源的某个局部进行评价时，也应对这一局部的整体做全面评价。教学资源评价全面性原则的另一层含义是在评价过程中，要全面收集、分析信息，避免片面性，使教学资源评价能全面反映评价对象的真实情况。

（三）科学性原则

科学性原则强调使用科学的方法和工具来进行评价，确保评价结果的准确性和可信度。每一步评价活动，从设计、数据收集、分析到结果的解释和报告，都应基于科学的标准和准则进行。这意味着避免主观偏见，确保数据的客观性和完整性，支持公正和准确的决策。科学性原则还要求对评价过程和结果进行严格的验证和复核，确保其一致性和稳定性，支持教学资源的持续改进和发展。在信息化和数据驱动的背景下，科学性原则更强调数据的质量和完整性，支持数据驱动的分析和决策，实现评价的高效和精准。

（四）可行性原则

可行性原则要求评价策略和方法的设计须考虑实际条件和限制，如资源、时间和人员等。评价计划需要简洁、明确且易于执行，以确保所有相关方能够完全、准确地执行，减少误解或执行障碍。这样不仅可以使评价结果更加可靠和有效，还能确保评价活动自身不会成为负担。

（五）可比性原则

评价结果具有可比性的关键有两点：一是“量化”，二是“等值化”。教学资源评价的许多项目采用定性评价方法，但定性评价的描述性信息难以进行比较，必须使其量化。现在经常使用的量化方法是先进行等级评定，再用模糊数学隶属度的方法对各等级“赋值”，将定性评价转化为定量评价。等值化即指不同评价对象的分数值相等。因为只有分数值相等，比较才有意义。实现评价分数等值化的条件是对不同评价对象采用统一的评价标准和统一的计量方法，操作时掌握统一的尺度。

（六）民主性原则

教学资源评价的最终结果，是综合各评价者独立判定的结果。由于评价者的价值观念不完全一致，个人思想品德水平也不相同，因而评价的主观性很难避免。为了使教学资源评价结果尽可能准确、客观、真实，必须坚持评价的民主性原则，提高评价工作的透明度。教学资源评价的民主性原则体现在以下几个方面。

第一，在建立评价方案和评价标准时，要广泛征求意见。既要征询评价专家、评价者的意见，也要听取评价对象的意见。使评价方案较为客观、实际，评价标准科学、具体，便于操作，减少人为误差。

第二，实施评价时，要使评价者的组成有广泛的代表性。评价开始前先对评价者进行培训，使之熟悉评价标准，并提出技术上和职业道德上的要求。

第三，要广泛收集资料，先听取被评价者的自我评价，在自评材料的基础上，经过检核、认定再进行总评。

第四，要进行评价结果的再评价，判断评价结果的一致性，从而确定评价结果的可信程度。

三、评价教学资源的方法

常用的教学资源评价方法有自我评价、组织评价和过程评价法。

（一）自我评价

自我评价是一种形成性评价，主要由教学资源的开发人员在开发过程中实施。开发者基于自己的知识和经验，对教学资源的内容、设计、功能和用户体验进行评估。自我评价有助于实时发现和修正问题，优化资源质量。

自我评价的优点有以下两点。第一，反应迅速。开发者可以快速识别和解决问题，无须等待外部反馈。第二，低成本。不涉及第三方，节省时间和金钱资源。不过，自我评价主观性强，可能受到开发者自身知识和经验的限制，可能忽略用户和其他利益相关者的需求和反馈。

（二）组织评价

组织评价，也称为专家评价，是一种总结性评价。在教学资源开发完成后，由专家团队对其进行全面评估，包括内容的准确性、适用性，以及用户体验等方面。

组织评价的优点有两点。第一，客观性强。汇集多位专家的意见，减少个人偏见。第二，专业性强。专家具备深入的知识和经验，能够进行深入的分析和评估。缺点有两点。第一，反应较慢。需要等待教学资源完全开发完成后进行。第二，成本较高，涉及多位专家，可能需要更多的时间和资源。

（三）过程评价法

过程评价法是将组织评价的过程、教学资源的开发过程、教学资源的使用过程结合起来进行评价。这种评价方法能够全面考虑各种因素，并且在整个开发和使用过程中能够不断收集反馈，实时优化教学资源。但是，评价过程相对复杂，且资源投入大，需要在整个过程中持续投入时间和资源。

每种评价方法都有其特点和适用场景，选择合适的评价方法需要根据教学资源的具体特性、开发阶段和目标用户来决定。在实践中，也可以灵活组合这些方法，以实现全面和有效的评价。

四、教学资源的评价指标

笔者构建的教学资源的评价指标体系如表 8-3 所示。

表 8-3 教学资源的评价指标体系

一级指标	二级指标	二级指标说明
教育性	教育目标	符合教育方针，紧扣教学大纲，教学目标适当，教学对象明确
	教学内容	重点突出，难点分散；深入浅出，易于接受；对知识点的分析、判断、推理符合逻辑性；实验演示、操作示范规范
	教学方法	注意启发，促进思维，培养能力，善于引导；组织结构和表现风格符合学生的心理特点和认知规律；适合自学，个别化教学、因材施教；共同经验范围适当，注重多重感官刺激
科学性	科学客观	科学原理的阐述与推理准确；例证典型、真实、可靠；利于培养学生辩证唯物主义世界观
	课件创作	层次清楚，内容正确；动画模拟设计科学合理，音、视频素材选取规范科学，有代表性
技术性	制作软件	适合网络运行环境；算法优化、传输效率高；软件普及程度高，趋向大众化
	多媒体技术	图像、声音、文本设计合理；画面清晰、文字醒目、声音清楚，音量适当、声像同步；动画设计巧妙
交互性	交互功能	随时进入和退出学习内容；任意选择章节和学习方法；自由控制学习内容在屏幕上的停留时间；网上交流、应答方便；具备网上作业提交功能
	导航策略	页面跳转、人机应答设计思路清晰；有助于系统或电子书签的设计；任何人在学习时均不会“迷航”

续表

一级指标	二级指标	二级指标说明
开放性	资源共享	方便网络学习者共享课件资源；网上探讨、交换观点方便
	更新内容	随时加入最新教学内容，只需局部修改；操作方便
艺术性	创意	创意新颖，构思巧妙，节奏合理
	审美能力培养	画面悦目，声音悦耳；整体设计美观，具有表现力和感染力
经济性	制作成本	制作成本低，利用率高
	使用周期	维护费用低，使用周期长

第九章　总结与展望

本章将对整本书的研究结论进行总结，并对高校信息化教学的未来发展进行展望。

第一节　研究结论

通过研究，得出以下几点结论。

一、信息化教学是高校教学改革的重要突破口

在当前的信息社会，科技迅猛的发展推动着教育方式和方法不断革新，教学内容和形式也需要与时俱进。信息化教学通过融入先进的技术手段和教育理念，为传统教育带来多方面的改进。

首先，信息化教学扩展了教学方式的多样性，允许教师采用更加丰富和灵活的方法进行教学。视频、多媒体等信息技术工具的应用使教学更加生动和直观，增强学生的学习兴趣和参与度。其次，信息化教学推动教育个性化的实现。通过智能技术，教学可以根据每个学生的特点和需求进行定制，确保每个人都能得到最适合自己的教育资源和指导。最后，信息化教学强化了学习和实践的互动性。学生能通过信息平台与教师、同学实时交流，促进知识和经验的分享，也方便了教师对学生学习进度的实时评估和反馈。这种动态、互动的学习模式有助于提高学生的学习效果和满意度，也为教师提供了更多的教学便利和可能。因此，信息化教学不仅是教学技术和工具的革新，更是教学理念和模式的刷新，是高校应对未来教育挑战、提升教学质量和效率的重要途径。

二、高校应从多维度促进教学的信息化

（一）信息化教学资源建设

教学资源是信息化教学的基础。高校应注重多媒体和网络教学资源的开发和整合，包括视频课程、在线教材、虚拟实验室等。这些资源应具备高质量、互动性和易获取的特点，以满足不同学生的学习需求和偏好。同时，基于云计算的教学资源库能够实现资源的高效管理和共享，为教学和学习提供强大支持。

（二）信息化教学模式构建

信息化教学模式关注教学的实施和管理。高校应探索和实践基于技术的新型教学模式，如网络协作学习、问题导向学习和翻转课堂等。这些模式能够发挥信息技术的优势，增强教学的互动和个性化，提升学生的学习主动性和创造力。

（三）信息化教学环境建设

一个良好的信息化教学环境能够为教学和学习提供有力支持。高校应建设先进、安全、易用的信息技术基础设施，包括硬件环境和软件环境。同时，也应加强信息化人文环境和教学师资队伍建设。

三、高校应注重信息化教学评价

信息化教学评价是推进高校教学改革、保障教学质量和提升教育效果的关键。高校应建立科学、全面和动态的评价机制，将信息技术与教学评价有机结合，实现教学与时俱进，满足未来教育的多样化和个性化需求。

第二节　未来展望

随着科技不断进步和教育需求的演变，高校信息化教学将迎来更加广阔的发展前景。以下几个方面可能会是未来的主要发展趋势。

第一，智能教育技术的应用将更加普及。随着智能技术的发展及其与教育领域融合程度的不断加深，智能教育技术在教育教学的应用将越来越普遍，所发挥的作用也会越来越大。例如，随着量子计算的发展，未来人们可能会看到其在处理复杂学习数据和模拟复杂系统方面的应用，从而为学生提供更加深入和精确的学习资源。再如，虚拟教育仿真技术将会进一步应用到教育教学之中，为远程教育提供可移动的教育场所，即虚拟仿真校园，以此来提高远程教育的质量。

第二，高校之间的界限将被打破，学校与学校、学校与社会、企业及其他利益相关方之间将建立起彼此互通的关系，实现专业、课程、师资、设施、服务等方面的资源共享，最大化地利用社会资源。

第三，各地区高校的信息化教学程度趋向平衡化。这意味着无论是在发达地区的一流大学，还是在边远地区的学院，学生都将享有均衡、优质的信息化教育资源和服务。

参考文献

[1] 景亚琴．信息化教学 [M]. 北京：国防工业出版社，2013.

[2] 姜永生．信息化教学概论 [M]. 北京：中国铁道出版社，2018.

[3] 张琳．指向核心素养的师范生信息化教学能力研究 [M]. 上海：上海交通大学出版社，2021.

[4] 刘学敏．信息化教学技术与实践 [M]. 哈尔滨：黑龙江大学出版社，2018.

[5] 李玉萍．高校教师信息化教学能力发展研究 [M]. 合肥：中国科学技术大学出版社，2021.

[6] 张文忠，孙晓翠．信息化教学中的富媒体工具应用 [M]. 上海：上海大学出版社，2021.

[7] 陈光海，汪应，杨雪平．信息化教学理论、方法与途径 [M]. 重庆：重庆大学出版社，2018.

[8] 管昕．信息化教学推动职业教育现代化的探索研究 [M]. 沈阳：辽宁大学出版社，2019.

[9] 王菊平，周优钢，赵诗勇．教师信息化教学知识及能力体系研究 [M]. 银川：阳光出版社，2019.

[10] 郝伟．大数据时代下信息化教学的实践与应用 [M]. 北京：北京工业大学出版社，2019.

[11] 高方银．信息化教学能力培养教程 [M]. 成都：西南交通大学出版社，2017.

[12] 朱贤友，唐芳贵．“互联网＋教育”背景下师范生信息化教学实践研究 [M]. 延吉：延边大学出版社，2021.

[13] 聂凯 . 移动网络课堂与信息化教学资源的传播分析 [M]. 成都：四川大学出版社，2018.
[14] 张有录 . 信息化教学概论 [M]. 北京：中国铁道出版社，2012.
[15] 武琳 . 信息化教学中英语翻转课堂教学模式的建构与教学实践 [M]. 北京：九州出版社，2018.
[16] 李馨 . 信息化教学设计的理论与模式研究 [M]. 长春：东北师范大学出版社，2015.
[17] 李良树 . 信息技术与信息化教学 [M]. 武汉：武汉大学出版社，2003.
[18] 洪文峰，李凤来 . 信息化教学的理论与实践 [M]. 长春：东北师范大学出版社，2005.
[19] 李文高 . 教学设计的新领域 信息化教学设计 [M]. 昆明：云南大学出版社，2013.
[20] 闫寒冰 . 信息化教学评价：量规实用工具 [M]. 北京：教育科学出版社，2003.
[21] 游泽清，梁祥丰 . 信息化教学环境的建设与应用 [M]. 北京：人民教育出版社，2005.
[22] 王一鸰 . 信息化教学资源应用能力培训 [M]. 长春：吉林人民出版社，2007.
[23] 王文槿 . 职业院校信息化教学方法与策略研究 [M]. 北京：中央广播电视大学出版社，2009.
[24] 彭立 . 有效教学：信息化教学中的问题与对策 [M]. 长春：东北师范大学出版社，2008.
[25] 钟志贤 . 信息化教学模式 理论建构与实践例说 [M]. 北京：教育科学出版社，2005.
[26] 杨姝 . 大学信息技术项目化教学探索与实践 [M]. 北京：北京工业大学出版社，2022.
[27] 拓万兵，宋杰，曾文峰，等 . 智慧教学环境下高校信息化教学平台应用探究 [J]. 湖北开放职业学院学报，2023，36（16）：151-152，155.
[28] 廖倩 . 地方高校师范生信息化教学能力培养存在的问题及对策 [J]. 西部素质教育，2023，9（16）：119-123.
[29] 刘真瑜 . 基于智慧校园的高校信息化教学管理分析 [J]. 江西教育，2023（31）：4-5.

[30] 刘辉，钟佩玲．地方高校青年教师信息化教学能力提升的研究与实践 [J]. 电脑知识与技术，2023，19（23）：160–162.

[31] 荣树坤，柳小花．教育信息化背景下高校教师信息化教学能力调查与提升研究 [J]. 山西青年，2023（11）：117–120.

[32] 蒋雨宏．后工业时代高校信息化教学改革的时代价值及优化路径研究 [J]. 济南职业学院学报，2023（3）：29–33.

[33] 金晶，李成星．智慧教育时代高校教师信息化教学能力的提升路径 [J]. 中国管理信息化，2023，26（9）：186–192.

[34] 刘香玉．大数据时代高校信息化教学建设与管理策略分析 [J]. 山西青年，2023（4）：166–168.

[35] 任密．高职英语信息化教学评价体系构建探索：评《智慧教育背景下高校课堂教学评价体系的构建与创新》[J]. 中国高校科技，2022（11）：107.

[36] 黄兴宇．基于开放式教学理念的高校环境专业信息化教学改革的探讨 [J]. 教育信息化论坛，2022（10）：24–26.

[37] 王小辉，李天龙．高校教师信息化教学能力：发展逻辑、多元影响与提升路径 [J]. 黑龙江高教研究，2022，40（10）：107–112.

[38] 翁博，邱栋恒．高校信息化教学资源共享平台设计与实现 [J]. 数字通信世界，2022（7）：97–99.

[39] 彭一枫．高校信息化教学建设与管理实践探讨 [J]. 齐齐哈尔师范高等专科学校学报，2022（1）：76–78.

[40] 王文浩，周方，高有山．高校信息化教学存在的问题及其解决策略 [J]. 西部素质教育，2021，7（22）：8–10.

[41] 闫鹏．依托教学资源库的高校课程信息化教学探究 [J]. 现代信息科技，2021，5（2）：184–187.

[42] 李蒙蒙，张璐．云计算对高校信息化教学资源建设的影响 [J]. 农村经济与科技，2020，31（16）：269–270.

[43] 万明秀，姜春林．网络资源配置在大学信息技术教学研究中的作用研究 [J]. 无线互联科技，2020，17（14）：131–132.

[44] 余庆兰．多媒体教育资源融合的高校信息化教学模式探析 [J]. 淮南职业技术学院学报，2020，20（2）：80–82.

[45] 许艳萍，仇建，叶挺聪，等．高校信息化课堂教学模式探讨[J]. 中国信息技术教育，2023（6）：107–109.

[46] 汪炜．智慧校园环境下高校信息化教学模式探究 [J]. 教育信息化论坛，2021（12）：29–30.

[47] 刘旖旎．基于翻转课堂模式谈高校教育信息化[J]. 教育信息化论坛，2021（11）：33–34.

[48] 苏世博．关于大数据环境下高校信息化教学模式的探讨 [J]. 中国信息化，2021（10）：53–54.

[49] 王鑫磊．教育信息化与高校教学改革研究 [J]. 文化产业，2021（6）：149–150.

[50] 张岩，赵红梅，闪茜．高校在线信息化教学能力评价研究 [J]. 情报科学，2022，40（6）：52–58.

[51] 刘玉艳．地方高校信息化教学现状及提升策略[J]. 池州学院学报，2020，34（6）：150–152.

[52] 王雪芹，丁焕香，张红品．信息化教学质量评价体系的构建及实践研究：以临沂大学体育专业理论课为例 [J]. 哈尔滨体育学院学报，2019，37（3）：6–10，16.

[53] 李娟．新媒体语境下高校信息化教学研究 [J]. 教育理论与实践，2019，39（3）：58–59.

[54] 朱黎明．高校课程信息化教学绩效评价分析 [J]. 现代职业教育，2017（22）：140.

[55] 谢虎．高校课程信息化教学绩效评价研究 [J]. 亚太教育，2015（32）：222，221.